dtv

JOHN STRELECKY

Was ich gelernt habe

Erkenntnisse für ein glückliches Leben

Aus dem Englischen
von Bettina Lemke

Mit Illustrationen
von Root Leeb

dtv

Ausführliche Informationen über
unsere Autorinnen und Autoren und ihre Bücher
finden Sie unter www.dtv.de

MIX
Papier aus verantwortungsvollen Quellen
FSC® C002795

2. Auflage 2020
dtv Verlagsgesellschaft mbH & Co. KG, München

Aspen Light Publishing
Titel der amerikanischen Originalausgabe:
What I've learned. Reflections on living a fulfilled life
Deutschsprachige Ausgabe:

Gesetzt aus der Avenir
Layout und technische Umsetzung: www.zweiband.de
Druck und Bindung: Livonia Print, Riga
Printed in Latvia · ISBN 978-3-423-28252-9

INHALT

EINE BOTSCHAFT DES AUTORS

Jeder Mensch trägt eine besondere Begabung in sich. Jeder hat Dinge gelernt, die das eigene Leben verändert haben. Jeder hat anderen Menschen etwas zu sagen.

Deshalb habe ich dieses Buch mit genau diesem Titel geschrieben. Nicht etwa, weil ich der Meinung wäre, die Welt warte sehnsüchtig darauf, dass ich berichte, was *mir* klar geworden ist. Sondern vielmehr, weil ich davon überzeugt bin, dass wir alle uns weiterentwickeln und davon profitieren, wenn wir uns als Gemeinschaft darüber austauschen, was *wir* gelernt haben.

Meine Hoffnung ist, dass dieses Buch Sie dazu inspiriert, ein paar Ihrer eigenen großartigen Erkenntnisse über das Leben an andere weiterzugeben. Vielleicht an Ihr Kind oder Ihren Enkel. Vielleicht an Ihren besten Freund. Vielleicht an Ihre Eltern, Ihren Chef oder sogar an einen Fremden, dem Sie zufällig begegnen.

Bei mir zu Hause hängt an einer Wand ein Foto von einem großen Holzschild, das ich während einer Australienreise entdeckt habe. Auf dem Schild steht: »Im Leben geht es nicht darum zu warten, bis das Unwetter vorübergezogen ist, sondern darum zu lernen, im Regen zu tanzen.« Wenn ich an einem schwierigen Tag den Spruch betrachte, hilft er mir immer.

Wie sich herausgestellt hat, stammt er von Vivian Greene, einer Künstlerin und Autorin, die auf Hawaii lebt. Und das veranschaulicht wiederum wunderbar, was ich meine. Jemand, der auf Hawaii lebt, schreibt etwas, das auf einem Schild in Australien steht und schließlich einen Menschen inspiriert, der in Florida wohnt und den Spruch daraufhin an Leser auf der ganzen Welt weiterleitet.

Wahrscheinlich werden wir nie genau wissen, auf welche Weise oder in welchem Maße wir das Leben anderer Menschen positiv beeinflussen, wenn wir sie an dem teilhaben lassen, was wir selbst gelernt haben. Allerdings können wir uns gewiss sein: Wenn wir unsere Erkenntnisse mit anderen teilen, eröffnet dies unendlich viele Chancen dafür, dass gute Dinge geschehen.

Ich wünsche Ihnen ein außergewöhnliches Leben voller inspirierender Momente und großartiger Erfahrungen. Und ich hoffe, der Inhalt auf diesen Seiten hilft Ihnen dabei, das zu erleben.

Ihr Reisegefährte bei diesem grandiosen Lebensabenteuer

John

LIEBE

MIR IST KLAR GEWORDEN,

DASS DINGE, DIE WIR LIEBEN,

EIN ENDE HABEN.

Mir ist klar geworden, dass Dinge, die wir lieben, ein Ende haben.
Als meine Tochter klein war und ich sie abends zu Bett brachte, vollzogen wir ein bestimmtes Ritual, das sie sich ausgedacht hatte. Jeden Abend bat sie mich darum, sie drei Mal fest zu drücken und ihr sieben Küsse zu geben. Mit großen dramatischen Gesten knuddelte ich sie daher drei Mal überschwänglich und drückte ihr mit lautem Schmatzen sieben Küsse auf die Wange. Wenn ich mich daraufhin von ihr abwandte und auf die Zimmertür zuging, wollte sie »noch einmal knuddeln«. Also trat ich wieder an ihr Bettchen heran, und sie krabbelte zu mir, um mich noch einmal fest zu drücken.
Im Laufe der Zeit wurde sie dann größer. Wir sagen uns immer noch Gute Nacht. Ich sage ihr immer noch, dass ich sie liebe. Aber irgendwann war das letzte Mal für die drei Umarmungen und sieben Küsse gekommen. Es gab keinen Countdown, kein feierliches letztes Mal. Eines Abends war es einfach so weit.
Als mein Vater in den Ruhestand ging, fuhr er regelmäßig zum Angeln aufs Meer hinaus. Es begeisterte ihn. Er war sein ganzes Leben lang zum Angeln gegangen und liebte es, auf dem Wasser zu sein. Als sein Gleichgewichtssinn schlechter wurde und sein Sehvermögen nachließ, fuhr er nach wie vor hinaus, allerdings nicht mehr so häufig. Bis der Tag gekommen war, an dem er gar nicht mehr loszog. Auch hier gab es weder einen Countdown noch einen feierlichen Moment anlässlich seines letzten Ausflugs.

Mir ist bewusst geworden, dass es bei fast allen Dingen so ist. Es wird kein großer Wirbel darum gemacht, wenn etwas, das wir lieben, zu Ende geht. Es ist nicht so wie bei einem Superstar im Sport, dessen letzte Saison vor dem Ausscheiden angekündigt wird und für den in jedem Stadion eine Abschiedsfeier stattfindet.

Es ist auch anders als bei einer beliebten Fernsehsendung, deren letzte Ausstrahlung angekündigt wird, sodass alle Akteure und Fans wissen, dass sie zu Ende geht. Was besondere Presseevents, Interviews, Viewing Partys und eine letzte emotionale Sendung zur Folge hat.

Es gab keinen Konfettiregen und keine Lasershow als Countdown für die letzten zehn Male, als meine Tochter ihre drei Umarmungen und die sieben Küsse einforderte. Mein Vater hatte keinen Kalender, der ihm anzeigte, dass er noch fünf Ausflüge, dann drei, dann zwei und schließlich einen letzten Angeltrip zu seinen Lieblingsplätzen auf dem Meer machen würde.

Ich habe daraus gelernt, viele Dinge mehr wertzuschätzen. Sie nicht als selbstverständlich zu erachten. Zwischendurch innezuhalten, um mich zu vergewissern, dass ich in den Momenten, die mir etwas bedeuten, tatsächlich präsent bin. Ich möchte nicht nur als Teilnehmer anwesend sein, während mein Geist mit Multitasking beschäftigt ist, sondern wirklich zu hundert Prozent da sein.

Vielleicht bleiben mir noch Hunderte Sonnenuntergänge, die ich beobachten, Fahrradausflüge, die ich machen, oder Mittagessen, die ich mit meinem besten Freund genießen kann. Aber was ist, wenn nicht?

Ohne deshalb zu melodramatisch zu werden, versuche ich, mir jeden Tag etwas von diesem Bewusstsein zu bewahren. Es verleiht den Dingen etwas von dem feierlichen Countdown-Flair, auch wenn die Zahl beim Countdown hoffentlich noch sehr groß ist.

Mir ist bewusst geworden, dass streunende Hunde es verdient haben, gestreichelt zu werden. Wenn sie mit dem Schwanz wedeln und mit ihren treuen Augen zu uns aufsehen, sollten wir ihnen nicht misstrauen, denn sie führen nichts Böses im Schilde. Im Gegenteil. Sie sehnen sich – genauso wie wir – nach etwas Liebe und Aufmerksamkeit. Mit ziemlicher Sicherheit haben sie sich ihr Schicksal nicht selbst ausgesucht. Viel wahrscheinlicher ist, dass sie lieber ein Zuhause bei einer Familie hätten, die sie lieben können und von der sie geliebt werden.

Ich habe gelernt, dass Traditionen zuweilen etwas Wunderbares sein können.
Als meine Tochter zur Welt kam, fragte ich viele Frauen, was ihrer Meinung nach einen großartigen Vater ausmacht. Ich bat sie, mir etwas über die besten Dinge zu erzählen, die ihre eigenen Väter für sie getan hatten, als sie klein waren. Ich bekam fantastische Ratschläge. Eine meiner absoluten Lieblingsgeschichten stammt von einer langjährigen Freundin, die mir etwas über Traditionen erklärte.
Als sie etwa vier oder fünf war, mochte sie ihren Vater nicht besonders. Sie konnte sich sogar an einen Schlüsselmoment erinnern, als ihr Vater am Frühstückstisch etwas zu ihr sagte und sie darauf erwiderte: »Ich mag dich nicht. Ich mag Mama, aber dich mag ich nicht!«
Bis zu diesem Zeitpunkt hatte ihr Vater sich nie besonders aktiv in ihrem Leben eingebracht, abgesehen davon, dass er sie bestrafte, wenn sie etwas falsch gemacht hatte. Er ging zur Arbeit und ihre Mutter kümmerte sich um sie. Abends aßen sie alle gemeinsam, und dann widmete ihr Vater sich seinen eigenen Angelegenheiten. Doch abgesehen von gelegentlicher Kritik oder ein paar Bemerkungen hatte er nicht wirklich viel mit seiner Tochter zu tun.

An dem Morgen, als sie das »Ich mag dich nicht«-Gespräch hatten, veränderte sich allerdings etwas. Nach dem Frühstück bat ihr Vater sie um ihre Hilfe. Sie sollte ihm eine Krawatte aussuchen, die er dann an diesem Tag tragen wollte. Sie gingen also gemeinsam zum Kleiderschrank und sahen sich all die Krawatten an. Sie wählte eine aus, und er trug sie in der Arbeit.

Am nächsten Tag bat er sie erneut darum, ihm eine Krawatte auszusuchen. Das tat er auch am nächsten und am darauffolgenden Tag. Egal welche Krawatte sie für ihn auswählte, er trug sie. Das ging jahrelang so, bis sie etwa zwölf war.

Als sie mir diese Geschichte erzählte, war meine Freundin 42 Jahre alt. Zu diesem Zeitpunkt war es also bereits über dreißig Jahre her, dass sie ihrem Vater zum letzten Mal eine Krawatte ausgesucht hatte. Aber als sie mir davon erzählte, wurde sie etwas emotional und begann zu weinen. Gleichzeitig lachte sie unter ihren Tränen und erklärte mir, dass diese morgendliche Tradition sie und ihren Vater miteinander verbunden hatte. Wie eine Art Initialzündung hatte sie etwas Besonderes zwischen den beiden entstehen lassen und es ihnen ermöglicht, eine Verbindung herzustellen, die fast drei Jahrzehnte später immer noch sehr stark war.

DIE WEISE ERKENNTNIS DIESER FREUNDIN,
DASS MAN GEMEINSAME TRADITIONEN
ENTWICKELN UND PFLEGEN SOLLTE,
WAR EINE DER LEITLINIEN,
DIE ICH FÜR MEINEN ERZIEHUNGSANSATZ
GENUTZT HABE.

Im Rückblick gehört dies mit zu den besten Dingen, die ich je umgesetzt habe.

Das Großartige dabei ist, dass es sich bei solchen Traditionen in den meisten Fällen – was den Zeitaufwand und die Kosten betrifft – um Kleinigkeiten handelt. So ging ich zum Beispiel alle zwei Wochen zur Bibliothek und lieh eine Reihe von Büchern aus, die meine Tochter gerade interessierten, um dann jeden Abend vor der Schlafenszeit zehn Minuten gemeinsam mit ihr zu lesen. Wir haben damit angefangen, als sie zwei Jahre alt war, und daraus entstand eine wunderbare Tradition.

Eine weitere kleine Tradition pflegen wir, wenn wir irgendwo etwas essen gehen. Während wir warten, spielen wir ein Kartenspiel. Ich habe schon früh darauf geachtet, die Spiele in meinem Auto aufzubewahren, sodass wir sie immer parat haben.

Es begann mit einem Dinosaurier-Kartenspiel, bei dem man den anderen fragt, ob er einen speziellen Dinosaurier hat, den man selbst haben will. Wenn das der Fall ist, bekommt man die Karte. Wenn nicht, ist der andere dran, errät er eine Karte, die man in der Hand hat, darf er sie nehmen. Es ist ein perfektes Spiel, weil es Kombinationsvermögen, strategisches Denken und Glück miteinander vereint. Meine Tochter hatte so die Möglichkeit, Dinge auszuknobeln, und ich konnte sie gewinnen lassen.

Das gefiel mir aus mehreren Gründen. Vor allem fördert es das Selbstvertrauen und Selbstwertgefühl eines Kindes, wenn es Muster erkennt. Bei den meisten Dingen im Leben geht es darum, die Muster zu verstehen. Je eher Kinder es üben und gleichzeitig Spaß dabei haben, desto besser ist es daher. Außerdem gab es mir die Gelegenheit, recht dramatisch zu werden, etwa so: »Du hast mir schon wieder meinen Stegosaurus geklaut!« Oder: »Woher wusstest du, dass ich einen Triceratops habe?«

Das eigene Kind in solchen Momenten kichern zu hören und über beide Ohren strahlen zu sehen, ist unbezahlbar. Und all das können wir für ein paar Euro und ein paar Minuten unserer Zeit erleben.

Als meine Tochter älter wurde, wechselten wir zu einem Kartenspiel, das »Uno« heißt. Den Spielregeln zufolge erhält jeder Spieler sieben Karten. Doch meine Tochter erfand eine Variante, bei der jeder mit nur einer Karte beginnt. Bei der nächsten Runde erhält man zwei Karten, dann drei und so fort.

So kann man immer mindestens ein paar Spiele machen, bevor das Essen kommt, denn mit nur einer Karte dauert das erste Spiel in der Regel nur ein paar Sekunden. Und wenn ein Spiel nur einige Sekunden dauert, hat man viele Gelegenheiten, lustigen Quatsch zu reden und nach jedem Sieg einen Freudentanz aufzuführen. Auch das ist köstlich.

In einem größeren Rahmen, der aber im Grunde genommen nicht besonders groß ist, entwickelten wir die Tradition der »Abenteuertage«. Als meine Tochter zwei Jahre alt war, konnte ich kaum fassen, wie schnell die Tage verflogen. Daher machten wir es uns zur Gewohnheit, an unseren »Abenteuertagen« irgendwohin loszuziehen. Jede Woche wählten wir gemeinsam einen Ort aus, den wir erkunden wollten. Parks, Zoos, Spielplätze, botanische Gärten, Edelsteinmuseen, Reptilienzoos, Ausstellungen über das Weltall … alles, was innerhalb von zwei Autostunden erreichbar war, kam infrage.

In der ersten Zeit wurde also der Kinderwagen bepackt und der Rucksack mit Snacks gefüllt, mit Windeln und allem, was man für eine Zweijährige sonst noch benötigt. Was nicht so ohne war. Aber es lohnte sich. Denn wir hatten nicht nur eine fantastische Zeit zu zweit, daraus entstand überdies eine Tradition, die sich immer weiterentwickelte und die wir nach wie vor pflegen.

Interessanterweise entstehen häufig Gewohnheiten innerhalb einer Tradition. So gehören Besuche eines bestimmten Zoos seit Langem zu unserer Tradition des Abenteuertags. Dort kann man für die Vögel eine Tasse mit Nektar kaufen. Wenn man die Voliere betritt, kommen knallbunte Papageien herbeigeflogen, die sich einem auf die Hände, Arme, Schultern und manchmal sogar auf den Kopf setzen und versuchen, den Nektar zu trinken.

Jedes Mal, wenn wir dort sind, kaufen wir Nektar. Jedes Mal! Nicht weil wir es »müssen«, sondern weil es für uns beide ein so cooles Erlebnis ist.
Zu den wichtigen Erkenntnissen, die ich im Laufe der Zeit gewonnen habe, gehört, dass Freundschaften auf gemeinsamen Erfahrungen basieren. Heutzutage ist es für uns und unsere Kinder so selbstverständlich, sich mit dem Handy oder Tablet zu beschäftigen. Besonders in Momenten zwischendurch, etwa wenn wir in einem Restaurant darauf warten, dass wir bestellen können, oder bevor das Essen kommt. Kurzfristig befriedigen die elektronischen Geräte die Sehnsucht unseres Gehirns nach einer schnellen Dopamindosis. Langfristig kommt es allerdings zu einer ziemlichen Leere. Es entsteht keine gemeinsame Erfahrung. Nichts, woran sich irgendjemand erinnern wird.
Traditionen, die auf Aktivitäten basieren, inspirieren Gespräche, sie regen zu Gelächter und Albernheit an. Sie lassen Kuschelmomente, innige Verbindungen und Erinnerungen entstehen. Und selbst wenn die genauen Details dieser Erfahrungen im Laufe der Zeit vielleicht in Vergessenheit geraten, so bleiben die Energie und die Gefühle, die mit dieser Tradition verbunden sind, doch ein Leben lang erhalten. Das habe ich von meiner Freundin und der Geschichte über ihren Vater und die Krawatten gelernt.

Ich habe gelernt, dass einer der größten Liebesbeweise die Bereitschaft ist, zwischen unsere Gefühle der Wut oder Unzufriedenheit und unsere daraus resultierenden Worte, Taten und Verhaltensweisen einen Zeitfilter aus einigen Sekunden zu setzen.
Ich habe gelernt, dass einer der größten Liebesbeweise die Bereitschaft ist, keinen Filter zwischen unsere positiven, von Herzen kommenden Emotionen und unsere daraus resultierenden Worte, Taten und Verhaltensweisen zu setzen.

BEZIEHUNGEN

EIN GUTES GESPRÄCH
BASIERT AUF
AUSGEWOGENHEIT.

Ich habe gelernt, dass ein gutes Gespräch auf Ausgewogenheit basiert.

Lange Zeit habe ich mich gefragt, warum Unterhaltungen mit manchen Menschen flüssiger laufen als mit anderen. Wenn ich zu einem sozialen Event ging, bei dem ich nicht viele Leute kannte, faszinierte es mich, dass manche Gespräche sich leicht und locker entwickelten und andere dagegen gar nicht.

Eines Tages aß ich mit einem guten Kumpel zu Mittag. Er ist der Typ Freund, mit dem sich ein zweistündiges Mittagessen wie fünf Minuten anfühlt, weil das Gespräch so mühelos ist.

Mir ging die Frage durch den Kopf, warum Gespräche manchmal dahinfließen und manchmal anstrengend wirken. Daher aß ich nicht nur wie sonst ganz normal mit meinem Freund zu Mittag, sondern ich versuchte gleichzeitig, möglichst gut auf die Dynamik zwischen uns beiden zu achten.

Mir wurde bewusst, dass eine mühelose Unterhaltung das Ergebnis einer ausgewogenen Mischung aus Informationsaustausch, Fragen stellen, der Zeit, die man mit Antworten verbringt, sowie einem generellen Interesse ist.

Wenn all diese Dinge zu relativ ähnlichen Anteilen auf beide Gesprächsteilnehmer verteilt sind, vergeht die Zeit wie im Flug. Wenn das nicht der Fall ist, zieht sich die Zeit ab einem gewissen Punkt in die Länge.

Das lernen wir üblicherweise nicht in der Schule. Und eigentlich auch nirgendwo sonst. Was bedauerlich ist, weil es tatsächlich eine wichtige Fähigkeit ist, die wir verstehen und beherrschen sollten.

Es geht dabei jedoch nicht darum, die jeweiligen Gesprächsanteile peinlich genau zu beobachten und zu kontrollieren. Allein das würde uns so stark ablenken, dass wir kein guter Gesprächspartner mehr wären.

Allerdings ist es ein sehr nützliches Instrument, sich das Prinzip der Ausgewogenheit im Gespräch bewusst zu machen. Ein großartiges Gespräch entsteht durch ähnlich große Anteile von Fragen und Antworten, Erzählen und Zuhören sowie einem generell ehrlichen Interesse beider Gesprächspartner an dem, was gesagt wird.

Ich habe gelernt, dass es eine schlechte Idee ist, eine Beziehung aufrechtzuerhalten, der man nur sechs von zehn Punkten geben würde, weil man Angst hat, den anderen zu verletzen. Denn damit bindet man ihn an eine Beziehung, die nur sechs von zehn Punkten erreicht, was den anderen *an sich* bereits verletzt.

Warum sollten wir den anderen keine Beziehung finden lassen, die acht, neun oder zehn von zehn möglichen Punkten erzielt? Warum sollten wir nicht zulassen, dass wir selbst eine Beziehung finden, die auf einer Skala von eins bis zehn einen Wert von acht, neun oder zehn hat?

Ich habe gelernt, dass es ebenfalls eine schlechte Idee ist, eine Beziehung fortzuführen, der wir nur sechs von zehn Punkten geben würden, weil wir Angst haben, niemand anderen zu finden. Die Welt ist voller Menschen, die besser zu uns passen als eine sechs auf einer Skala von zehn.

Ich habe gelernt, dass Beziehungen geheilt werden können. Es reicht allerdings nicht, wenn nur einer sich darum bemüht. Wenn es funktionieren soll, müssen beide in der Beziehung sich die Heilung wünschen.

Ich habe auch gelernt, dass sich etwas verändern muss, wenn es zur Heilung kommen soll. Verhaltensweisen, Ansichten, Taten und was immer sonst noch zu Verletzungen geführt haben mag – all das kann nicht einfach dadurch verdrängt werden, dass man Zeit verstreichen lässt. Das funktioniert nicht.

Denn wenn nur das geschieht, werden die Dinge, die Leid verursacht haben, irgendwann zutage treten, und die Verletzungen werden wieder aufbrechen. Jedes Mal, wenn das geschieht, verliert einer oder verlieren beide Menschen etwas mehr Vertrauen, das aber für eine wirkliche Heilung entscheidend ist. Bis es schließlich nicht länger möglich ist, die Beziehung aufrechtzuerhalten.

Ich habe ebenfalls gelernt, dass der Heilungsprozess länger dauert, als die meisten Menschen es sich wünschen. Ein kurzer Moment reicht, um barsche Worte auszusprechen. Zu unnachsichtigem Verhalten kommt es fast ebenso schnell. Aber die Verletzungen, die aus diesen Worten und Taten resultieren, verschwinden nicht annähernd mit der gleichen Geschwindigkeit.

Die große Herausforderung besteht darin, einen vorausschauenden Fokus zu entwickeln, der uns in die Lage versetzt, uns zu bremsen, bevor wir Menschen verletzen, die uns etwas bedeuten. In der Lage zu sein, in bestimmten Momenten des Lebens innezuhalten, sie aus einer gewissen Distanz zu betrachten und unser Verhalten entsprechend anzupassen. Nicht so lange zu warten, bis der Moment vorbei ist, um erst dann zu versuchen, den Schaden wiedergutzumachen. Es geht darum, in unserem Leben gleichzeitig ein Beobachter als auch ein Teilnehmer zu sein.

Wir alle haben diese Fähigkeit. Sie ist wie ein Muskel. Bereit, eingesetzt, gestärkt und perfektioniert zu werden. Es kann etwas Übung erforderlich sein, wenn wir in unserer Jugend niemanden hatten, der uns ein solches Verhalten vorgelebt oder uns durch liebevolles Feedback geholfen hat, solche Situationen zu meistern.

Aber selbst ohne besonders gute Voraussetzungen lässt sich der Muskel durch einen gezielten Fokus und persönlichen Einsatz stärken. Durch diese Stärkung kann ein gänzlich neues Muster beim Heilen von Beziehungen sowie bei Beziehungen insgesamt entstehen. Eins, bei dem die Norm anstelle von zwei Schritten nach vorne und eineinhalb Schritten zurück, bei zwanzig Schritten nach vorne und nur einem halben Schritt zurück liegt.

Mir ist klar geworden, dass es besser ist, eine E-Mail, die mich wütend macht, unbeantwortet zu lassen, als selbst mit einer wütenden Nachricht darauf zu reagieren. Ich sollte die Mail lieber eine Woche oder sogar noch länger im Postfach lassen, denn wenn ich sie voller Zorn beantworte, wird sie nur eine weitere wütende Rückantwort hervorrufen. Und so würde es immer weitergehen. Es würde mir Energie rauben und mich in einen Strudel aus negativen Emotionen hineinziehen.

Anstatt also mit Wut zu reagieren, ist es viel produktiver zu versuchen, die Perspektive des anderen zu verstehen. Ebenso wie meine eigene. Wut ist eine Manifestation von Angst. Was befürchtet der andere? Wovor habe ich selbst Angst? Vielleicht stimme ich letztlich nicht mit dem anderen überein, aber wenigstens habe ich dann versucht, ihn zu verstehen. Oder es gelingt mir schließlich zu akzeptieren, dass wir die Dinge unterschiedlich betrachten.

Oft genügt es, die Perspektive des anderen zur Kenntnis zu nehmen, damit sich die Wut in einen Kompromiss verwandelt. Und sollte sich herausstellen, dass der andere tatsächlich eine toxische Person ist, empfiehlt es sich ohnehin, seine Nachricht aus meinem E-Mail-Postfach zu löschen, damit sie mich gedanklich nicht beschäftigt. Es bringt nichts, sie zu behalten oder darauf zu antworten.

Ich habe gelernt, dass nicht jeder Kunst auf dieselbe Weise definiert. Und das ist auch in Ordnung. Wir alle marschieren in unserem eigenen Rhythmus.

Ich habe überdies gelernt, dass es für ein glückliches Leben essenziell ist, seine Energie für etwas wie persönliche Vorlieben einzusetzen.

Es ist viel besser, meine Zeit beherzt der Kunst, den Büchern, den Aktivitäten, der Kleidung, den Frisuren, den Fernsehsendungen, dem Sport, der Musik, den Menschen … zu widmen, die ich *liebe* oder die mich *begeistern*, als wertvolle Minuten meines Lebens damit zu vergeuden, mich darüber zu beklagen, was mir nicht gefällt.

Ich habe gelernt, dass Menschen, die wir lieben, eines Tages sterben. Und am selben Tag, an dem sie sterben, bekommen andere ein Baby, ein Kind, das sie von ganzem Herzen lieben.

So funktioniert das menschliche Dasein. So ist es seit Millionen von Jahren und so wird es sich wahrscheinlich weitere Millionen von Jahren fortsetzen. Es ist ein permanentes, ewiges Kommen und Gehen von Leben.

Mit den Menschen, die wir lieben, wird uns die Zeit zwischen ihrer und unserer Ankunft und ihrem und unserem Fortgang zuteil. Diese Jahre, die sich überschneiden. Je mehr wir erkennen, wie wertvoll, flüchtig und vergänglich diese Momente sind, desto leichter ist es, sie gebührend zu würdigen.

Ich habe gelernt, dass man ein Kind für sein gutes Betragen loben sollte, wenn man generell ein besseres Verhalten bei ihm fördern möchte. Möchte man das Selbstvertrauen eines Kindes stärken, sollte man es für die Dinge loben, die es gut macht. Und wenn man möchte, dass ein Kind anderen Menschen gegenüber Empathie entwickelt, sollte man es loben, sobald es sich anteilnehmend verhält.

Mit authentischem, von Herzen kommendem, ehrlichem Lob lässt sich Außergewöhnliches anregen. Dieser Prozess braucht vielleicht eine gewisse Zeit, vor allem wenn er nicht früh im Leben eines Kindes verankert wird. Manchmal kann es zudem erforderlich sein, mit sehr kleinen Dingen zu beginnen und dann Schritt für Schritt darauf aufzubauen.

Wenn man jedoch für eine kurze Zeit geduldig ist, führt das langfristig zu verblüffenden und positiven Ergebnissen.

Im Gegensatz dazu ist Kritik eine quasi automatische Reaktion, die rasch abläuft und dem Kritikübenden das Gefühl gibt, etwas erreicht zu haben. Allerdings ist dieser Fortschritt auf kurze Sicht betrachtet flüchtig und langfristig erweist er sich sogar als Rückschritt.

Das liegt daran, dass Kritik generell etwas Zerstörendes hat. Anders als Lob, das ein Kind dazu inspiriert, sein größtes Potenzial zu entwickeln, zerstört ständige Kritik die Moral des Kindes. Überdies zerstört sie sein Selbstvertrauen und seine Lebensfreude.

Mir ist klar geworden, dass all dies nicht nur für Kinder gilt, sondern genauso auf Erwachsene zutrifft.

Ich habe gelernt, dass nicht alle Menschen gut sind. Es gibt auch einige, die Böses im Schilde führen. Das ist die dunkle Seite der Menschheit. Wir müssen deshalb nicht ständig auf der Hut oder auf einen Kampf vorbereitet sein. Aber so zu tun, als gebe es solche Leute nicht, ist einer der großen Fehler, die im Laufe der Menschheitsgeschichte immer wieder gemacht wurden.

Ich habe auch gelernt, dass es manchmal nötig ist, einem Tyrannen die Stirn zu bieten. In manchen Fällen sollten wir selbst Widerstand dagegen leisten. Zum einen, weil wir stark genug sind, und zum anderen, weil wir aufgrund unserer Fähigkeiten dazu verpflichtet sind – sowohl uns selbst gegenüber als auch gegenüber denjenigen, die nicht stark genug sind.

In anderen Fällen, wenn unsere Kraft alleine nicht zu genügen scheint, sollten wir es ebenfalls tun. Denn wenn niemand sich einem Tyrannen widersetzt, wird unsere Tatenlosigkeit ihn nur noch mehr ermutigen, so viel ist gewiss. Seine Macht nimmt dann exponentiell ebenso zu wie seine Boshaftigkeit.

Allerdings findet die Ermutigung auf beiden Seiten statt. Wenn ein guter Mensch sich einem Tyrannen entgegenstellt, inspiriert sein Verhalten andere gute Menschen dazu, sich ebenfalls zu erheben. Und da es weitaus mehr gute Menschen als Tyrannen auf der Welt gibt, triumphiert das Gute dort, wo die Guten zusammenhalten.

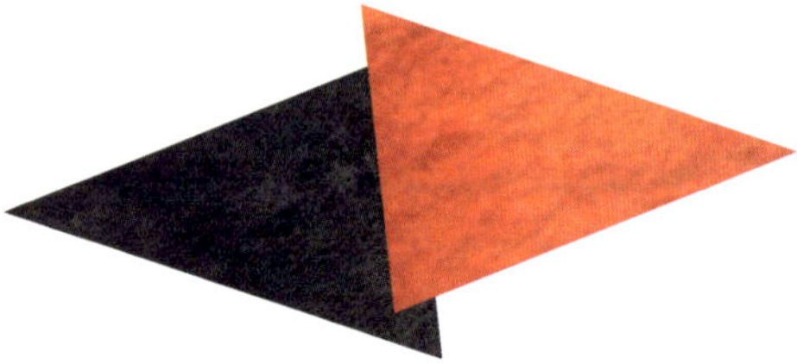

Ich habe gelernt, dass nicht alle Beziehungen dauerhaft halten. Zum Teil liegt es daran, dass Menschen sich verändern. Ob es sich um Freundschaften, Familienbande oder um Liebesbeziehungen handelt, die beteiligten Menschen entwickeln sich ständig weiter.

Mit jeder Entwicklung gehen drei Möglichkeiten einher: Entweder die Pfade der beiden Menschen laufen unverändert so weiter wie zuvor oder sie nähern sich an oder aber sie driften auseinander. Dabei ist es sehr unwahrscheinlich, dass sie im Laufe der Zeit angesichts von einigen Entwicklungsschritten immerzu »unverändert weiterlaufen« oder »sich annähern«.

Und das ist auch in Ordnung so. Sich nur wegen der Beziehung nicht weiterzuentwickeln, wäre für keinen der Beteiligten gesund. Es würde zu Animositäten und Schuldzuweisungen führen. Sich persönlich weiterzuentwickeln, gehört zum Menschsein dazu. Auf diese Weise wachsen und lernen wir.

Manchmal entfernt man sich auch voneinander und bewegt sich danach wieder aufeinander zu. Ich erinnere mich an eine Zeit, als das erste Kind eines meiner besten Freunde zur Welt gekommen war. Bis dahin hatten wir immer, wenn wir uns trafen, eine heitere, ungezwungene Zeit miteinander. Wir trieben gemeinsam Sport, gingen abends zusammen weg, brachen zu Abenteuern auf, riefen uns spontan an, um uns noch schnell irgendwo eine Pizza zu holen ... Doch seit der erste Sohn meines Freundes auf der Welt war, hatte sich alles verändert. Er hatte fast nie mehr Zeit, und wenn doch, war es unmöglich, ein Gespräch mit ihm zu führen. Sobald wir anfingen, miteinander zu reden, musste er sich schon wieder in irgendeiner Weise um seinen Sohn kümmern. Ich freute mich zwar für ihn, dass er Vater geworden war, aber ich hatte das Gefühl, mit einem anderen Menschen zusammen zu sein.

Als ich allerdings ein Jahr später selbst ein Kind hatte, entstand wieder eine neue Verbindung zwischen meinem Freund und mir. Denn wenn wir uns nun trafen, war uns beiden bewusst, welchen Rhythmus ein Gespräch hat, bei dem man sich gleichzeitig um ein Kind kümmert. Außerdem hatten wir neue Dinge gemeinsam und manches ähnliche Ziel, da wir großartige Eltern sein wollten.

Vielleicht ist es manchmal schade, wenn sich unsere Beziehungen verändern. Doch es gehört eben zum Lauf der Dinge dazu. Wir können entweder darüber jammern, dass etwas vorbei ist, oder neue Verbindungen finden, die nur entstehen können, weil wir einen anderen Punkt im Leben erreicht haben.

Ich habe gelernt, dass wir alle hin und wieder etwas Raum brauchen.
Selbst in den besten Beziehungen, egal ob mit Freunden, unseren Kindern, einem Ehepartner oder Lebensgefährten, ist es gesund, manchmal eine Pause einzulegen.
Das hilft beiden, sich wieder bewusst zu machen, was der jeweils andere für das eigene Leben bedeutet. Wenn man sich jeden Tag sieht, kann man leicht all die Dinge vergessen, die der andere einem schenkt. Es gibt Hunderte von Möglichkeiten: Ob es die morgendliche Umarmung ist, ob der eine etwas für den anderen kocht, ob er ihm bei den Hausaufgaben hilft oder ihm konstruktives Feedback zu verschiedenen Ideen gibt – wenn etwas jeden Tag geschieht, beginnen Menschen, es als selbstverständlich zu erachten. Wenn man jedoch eine kurze Weile voneinander getrennt ist, selbst wenn es nur für ein paar Tage ist, erinnern sich beide daran, wie viel sie einander bedeuten. Es hilft ihnen, den anderen mehr zu schätzen und diese Wertschätzung sowohl zu zeigen als auch verbal zum Ausdruck zu bringen. All dies macht die Beziehung der beiden Menschen noch stärker.

Ich habe gelernt, dass der menschliche Geist unterschiedlich arbeitet.
Früher dachte ich, das Gehirn jedes Menschen würde ungefähr auf dieselbe Weise funktionieren. Das stimmt allerdings keineswegs. Diese Erkenntnis hilft mir, mich selbst und andere viel besser zu verstehen. Und sie ist zugleich eine großartige Chance, unsere einzigartige Genialität zu akzeptieren.
Meinem Geist liegen zum Beispiel kreative Tätigkeiten sehr. Ich kann mir aus dem Nichts eine Geschichte ausdenken. Ich kann mir Welten vorstellen und sie überaus detailliert beschreiben. Ich kann die Dialoge der Menschen in diesen Welten hören, während sie miteinander sprechen. Ich kann auf einer Bühne stehen und entspannt Fragen von meinen Lesern beantworten – ohne zuvor eine Ahnung zu haben, was sie fragen könnten. Ich bin da einfach zuversichtlich, dass ich in der Lage sein werde, ihnen etwas zu erwidern, mit dem sie etwas anfangen können. All das gehört zu den Dingen, die es mir ermöglichen, ein erfolgreicher Autor zu sein.
Im Gegensatz dazu kämpft mein Geist damit, sich an Details zu erinnern. Wenn ich jemanden kennenlerne, ist es nicht sehr wahrscheinlich, dass ich mich fünf Minuten später noch an seinen Namen erinnere. Und das, obwohl ich es wirklich sehr gerne möchte.

Wenn ich eine Biografie lese, erfasse ich den Kern der Geschichte der Person. Allerdings scheint mein Geist sich wenig dafür zu interessieren, einzelne Daten, Orte oder Details von Ereignissen abzuspeichern, die etwas mit dem Leben dieses Menschen zu tun haben.
Wenn ich irgendwohin fliege und auf den langen Gängen, die zum Flugzeug führen, auf meinen Boardingpass schaue, muss ich beim Flugzeugeingang erneut darauf blicken, um mich an die Nummer meines Sitzplatzes zu erinnern.
Der Geist anderer Leute ist vollkommen anders gestrickt. So kennt ein Freund von mir endlos viele Filmzitate auswendig. Es ist so, als würde sein Gehirn ganze Drehbücher speichern und nur darauf warten, in einem bestimmten Moment etwas davon abzurufen. Er kann sich außerdem an die Sänger von so gut wie jedem Song erinnern, den jemand ihm nennt.
Ich habe Menschen kennengelernt, deren Gehirn die Welt in Farben sieht. Jedes Objekt ist von einem farbigen Schein umgeben, der dem Betrachter Hinweise darauf gibt, ob das Objekt gut oder schlecht ist. Der Geist anderer Menschen befähigt sie dazu, sich daran zu erinnern, was sie vor 16 Jahren gefrühstückt haben, aber möglicherweise sind sie nicht in der Lage, morgens ihre Kleidung farblich aufeinander abzustimmen.
Selbst innerhalb einer Gruppe von Menschen wie etwa unter Musikern gibt es alle möglichen verschiedenen Typen, deren Geist unterschiedlich funktioniert. Manche können jedes Musikstück, das man ihnen vorlegt, vom Blatt spielen,

sind aber nicht in der Lage dazu, auch nur eine einzige Seite selbst zu komponieren. Andere dagegen können keine Noten lesen, treffen aber den Ton perfekt auf ihrem Instrument, wenn jemand ihnen zum Beispiel etwas vorsingt. Wieder andere können im Geist einen ganzen Song komponieren, ihn variieren und unterschiedlich arrangieren und sich dann ans Klavier setzen, um all das aus dem Gedächtnis zu spielen.

Wir fördern unsere individuelle Genialität, wenn wir erkennen, was uns auszeichnet, worin unsere Begabungen liegen und was uns einzigartig und besonders macht. Im nächsten Schritt geht es darum herauszufinden, auf welche Weise wir unsere speziellen Fähigkeiten in unserem Leben nutzen wollen und all unsere Ressourcen darauf auszurichten.

**GLAUBEN SIE AN DAS GENIE,
DAS IN IHNEN VORHANDEN IST.**

Ihr Geist ist einzigartig und besonders und ein Teil von all dem, was *Sie* einmalig und besonders macht. Glück, Erfolg und Zufriedenheit im Leben stellen sich viel schneller und reibungsloser ein, wenn Sie das erkennen.

Ich habe gelernt, dass man bei der Erziehung häufig zu guten Entscheidungen findet, wenn man sich einfach daran erinnert, wie es war, selbst ein Kind zu sein.
Es gibt für alles einen Grund. So schwer es uns auch fällt, das in manchen Situationen zu glauben.

WENN ES UNS GELINGT,
ZUR EIGENTLICHEN URSACHE VORZUDRINGEN,
ERÖFFNET UNS DAS DIE CHANCE,
EINE LÖSUNG ZU FINDEN,
EGAL WAS DAS PROBLEM IST,
UND ZWAR NICHT NUR IM JEWEILIGEN MOMENT,
SONDERN AUCH LANGFRISTIG.

Es ist nicht immer leicht. Wenn unser Kind wütend, uneinsichtig oder launisch ist und sich unserer Meinung nach inakzeptabel verhält, ist es sehr verlockend, eine schnelle Lösung zu suchen. Wir wissen, dass ein lautes »Schluss jetzt!« oder »Weil ich es sage!« in einem deutlich genervten Ton das Kind wahrscheinlich dazu bringt, mit dem Schreien aufzuhören oder uns nicht länger zu widersprechen.

Und je nachdem, wie müde wir sind oder womit wir sonst gerade zu kämpfen haben, ist das möglicherweise noch die beste Reaktion, die uns in solch einem Augenblick zur Verfügung steht.

Doch wenn wir es schaffen, uns in dem Moment in die Rolle des Kindes hineinzuversetzen, können wir die Dinge häufig aus einer vollkommen anderen Perspektive betrachten. Am Anfang dauert es circa dreißig Sekunden – zunächst atmen wir ein paar Mal tief durch, um uns zu beruhigen. Danach geht es lediglich darum, in einem wirklich ruhigen Ton die folgende einfache Frage zu stellen: »Was ist denn eigentlich los?« Anschließend sollten wir zuhören. Mit einer großen Portion Geduld. Denn normalerweise antworten Kinder erst etwa ein bis zwei Minuten später, als sie es nach Meinung der Eltern tun sollten. Und wenn man ihr Schweigen zu früh unterbricht, nimmt der Konflikt nur erneut Fahrt auf.

Beim Zuhören geht es einzig und allein darum, tatsächlich *zuzuhören*. Nicht darum, eine Erwiderung vorzubereiten oder – egal mit wie viel Geduld – andere Sichtweisen zu erläutern. Es geht nur ums Zuhören. Wenn das Kind mit dem Reden fertig ist und wir verstanden haben, was emotional gerade bei ihm los ist, sollten wir versuchen, uns für nur zwanzig oder dreißig Sekunden in seine Lage zu versetzen. Denn das verändert häufig den gesamten Ton in der Situation. Wir betrachten diese durch die Augen des Kindes und sogar durch unsere eigenen Augen, als wir in *seinem Alter* waren.

Von diesem Punkt an wird sich das Gespräch in irgendeine Richtung weiterentwickeln. Vielleicht sind wir *immer noch* der Meinung, dass das Kind sich wütend, uneinsichtig, launisch und inakzeptabel verhalten hat. Doch selbst wenn das der Fall sein sollte, stehen die Chancen sehr gut, dass wir auch wissen, *warum* es sich so verhalten hat. Und wenn uns das klar ist, können wir dem Kind sowie uns selbst helfen, die Wahrscheinlichkeit zu minimieren, dass es erneut so kommen wird.

Wenn ich mich beim Sport verletzt habe, gehe ich zu einer begnadeten Massagetherapeutin. Im Laufe der Jahre hat sie mir immer wieder geholfen zu verstehen, dass der Schmerz sehr häufig nicht dort auftritt, wo das Problem liegt. Der Schmerz ist lediglich ein Symptom von etwas anderem. Wenn ich mich ausschließlich auf den Bereich konzentriere, wo ich den Schmerz spüre, werde ich wahrscheinlich nicht viel erreichen.

Ähnlich verhält es sich, wenn wir uns in eine Position versetzen, in der wir die Dinge aus der Perspektive unseres Kindes betrachten können: Wir suchen auf diese Weise nach dem wahren Problem, der Ursache seines Leids. Damit wir ihm dann auch tatsächlich helfen können.

Ich habe gelernt, dass unsere eigene Unsicherheit unsere großartigsten Momente verhindern kann.
Manchmal blicken wir auf Zeiten zurück, in denen wir jünger waren, und wünschen uns so sehr, wir hätten damals bereits gewusst, was wir heute wissen. Neulich habe ich einen Film gesehen, in dem der Protagonist sich nicht traute, eine junge Frau anzusprechen, die er sehr gerne mochte. Ich fühlte mich blitzartig in meine eigene Jugend zurückversetzt und erinnerte mich daran, wie es mir in solchen Momenten ergangen war.
Das Zögern, die Nervosität, die Unsicherheit. Es ist erstaunlich, wie sehr unsere Angst vor Zurückweisung uns in solchen Momenten von etwas abhalten kann.
Ich wünschte, ich hätte meinem jüngeren Selbst erklären können, dass der Prozess viel einfacher sein kann und dass die Hürden in Wirklichkeit weitaus niedriger sind.
Denn mittlerweile weiß ich, welch erstaunliche Wirkung es hat, lächelnd auf jemanden zuzugehen und sich vorzustellen. Wenn wir den anderen mit einem freundlichen Lächeln ansprechen, wird er fast unter Garantie zurücklächeln.
Und es ist ebenfalls so gut wie sicher, dass die andere Person uns ihren Namen sagt, nachdem wir uns selbst vorgestellt haben. Allein aufgrund unserer klitzekleinen Bemühung lächeln wir uns also mit dem Menschen, den wir gerne kennenlernen möchten, gegenseitig zu und kommen rasch in ein Gespräch mit ihm.

Dann sollten wir dem anderen ein ehrliches Kompliment machen und es mit einer Frage verbinden. Zum Beispiel folgendermaßen: »Ich habe gesehen, wie Sie heute Morgen Ihrer Freundin bei … geholfen haben. Das war sehr nett von Ihnen. Wo haben Sie das gelernt?«

Erstens gefällt es Menschen, Anerkennung für etwas zu erhalten, das sie gut gemacht haben. Daher wird das Kompliment wahrscheinlich sehr gut ankommen. Und da es sich um ein ehrlich gemeintes Kompliment handelt, zeigt es eine gewisse Verbindung, die wir und die andere Person bei diesem Thema haben. Das ist ebenfalls positiv. Darüber hinaus vermeiden wir mit einer solchen Frage eine binäre »Ja oder Nein«-Antwort, was super ist, weil das Ziel darin besteht, miteinander ins Gespräch zu kommen.

Was passiert nun als Nächstes? Als Jugendlicher war meine größte Befürchtung, dass ich danach nichts mehr zu sagen hätte. So etwas kommt in Kinofilmen in solchen Situationen ständig vor. Jemand steht da und weiß nicht, was er sagen soll. Die andere Person weiß ebenfalls nicht, was sie sagen soll. Es herrscht ein betretenes Schweigen, gefolgt vom hastigen Rückzug von einem oder beiden.

Solche Filmszenen verstärken die Worst-Case-Szenarien in unserer Vorstellung. Sie befeuern unsere möglicherweise bereits bestehende Angst und liefern uns noch mehr Gründe, warum wir zum Beispiel nicht versuchen sollten, uns mit jemandem bekannt zu machen.

Dabei kann die Realität ganz anders aussehen. Wenn wir der anderen Person eine Frage gestellt haben und sie darauf antwortet, werden wir – sofern wir gut zuhören – dabei Hinweise für eine zweite Frage geliefert bekommen. Das funktioniert allerdings nur, wenn wir wirklich aufmerksam zuhören. Solange wir mit unseren eigenen Gedanken beschäftigt sind und im Stillen irgendwelche Selbstgespräche führen, entgehen uns all die Hinweise. Auch das wird in vielen Filmen so dargestellt.

Wenn wir aber gut zuhören, nehmen wir die Hinweise wahr und können sie nutzen. Wir lächeln erneut, machen dem anderen ein weiteres kurzes, ehrlich gemeintes Kompliment und stellen ihm dann unsere zweite Frage.

Zum Beispiel – mit einem Lächeln: »Das ist großartig. Ihre Großmutter scheint wirklich ein besonderer Mensch zu sein. Haben Sie in Ihrer Kindheit und Jugend viel Zeit mit ihr verbracht?« Diese zweite Frage ist zwar etwas binär, da der andere einfach mit »Ja« oder »Nein« antworten könnte. Aber da es sich nicht um die erste Frage handelt und das Gespräch bereits im Gang ist, wird sie höchstwahrscheinlich zu einer längeren Antwort führen.

Und was dann? Nun ja, idealerweise besteht gute Kommunikation aus einem Geben und Nehmen. Wenn wir ausschließlich zuhören, nehmen wir nur etwas. In unserem Szenario könnte die andere Person uns eine Frage stellen, nachdem sie die zweite Frage beantwortet hat. Falls sie es nicht tut, weil sie vielleicht ebenfalls etwas nervös ist, wäre nun ein guter Zeitpunkt, etwas über uns selbst zu erzählen. Wir könnten zum Beispiel lächelnd so etwas sagen wie: »Es ist toll, dass Sie sie immer noch so häufig sehen. Eine meiner Lieblingserinnerungen an meine Großmutter ist, dass wir zusammen Plätzchen gebacken haben.«

Schön, und was passiert als Nächstes? Nun, so wie wir beim Zuhören auf Hinweise geachtet haben, während die andere Person gesprochen hat, empfiehlt es sich, auch ihr Hinweise zu geben. Kleinigkeiten, die ihren Geist mit Leichtigkeit dazu anregen, eine weitere Frage zu stellen. Häufig kommt es dazu, wenn wir etwas über uns selbst erzählen, aber nicht alle Details verraten. Zum Beispiel: »Ja, meine Großmutter machte fantastische Kolaczki-Plätzchen. Sie buk immer drei verschiedene Sorten, aber eine davon hatte einen ganz besonderen Geschmack.«

Angesichts einer solchen Bemerkung kann der andere fast nicht anders, als zu fragen: »Was für ein Geschmack war das?« Und so geht es dann immer hin und her. Beim Gespräch lächeln beide häufig, hören dem anderen aufmerksam zu, achten auf Hinweise und geben auch selbst immer wieder welche.

Daher wünschte ich, ich hätte als junger Mensch erkannt, wie einfach und mühelos ein solcher Prozess ist. Und dass er sogar noch einfacher und müheloser wird, je öfter wir ihn anwenden.

Außerdem wünschte ich, ich hätte begriffen, wie wenig in solchen Situationen eigentlich auf dem Spiel steht.

Schließlich wollen wir jemanden erst einmal kennenlernen, wenn wir ihn ansprechen.
Wenn wir jünger sind, wünschen wir uns meistens, dass so ein Gespräch erst einmal dazu führt, mehr Zeit miteinander zu verbringen, dann Händchen zu halten, dann zum ersten Kuss, schließlich dazu, ein Paar zu werden, und daraufhin zu all den positiven Dingen, die sich daraus entwickeln.
Hier kommt nun die große Erkenntnis: Normalerweise befürchten wir, dass das erste Gespräch nicht gut laufen wird, dass es nicht zu gemeinsamen Treffen kommen und somit der gesamte Rest ebenfalls nicht passieren wird.
Doch erstens sind wir bereits genau an diesem Punkt. Im schlimmsten Fall landen wir daher wieder dort, wo wir begonnen haben.

Und zweitens, wenn wir jemanden ansprechen und den Prozess nutzen, den ich gerade beschrieben habe, das Gespräch allerdings überhaupt nicht in Gang kommt, ist das ein guter Hinweis darauf, dass ein ziemlicher Unterschied zwischen dem besteht, wie wir diesen Menschen *eingeschätzt* haben, und wer er *tatsächlich* ist. In unserer Fantasie entwickeln wir liebend gerne Szenarien mit Personen, die wir aus der Entfernung sehen. Wir überlegen, was es wohl für Menschen sind, wie sie sich verhalten, welche Dinge sie gerne tun, wie unser Leben gemeinsam mit ihnen wohl aussehen würde …

Mit einem echten Gespräch begegnen wir jedoch der Realität. Und wenn der andere Mensch tatsächlich *nicht* so ist, wie wir dachten, oder wenn die Verbindung zu ihm *nicht* dem entspricht, was wir erwartet haben, großartig! Es ist besser, das sofort zu wissen und nach vorne zu schauen, als Tage, Monate oder Jahre damit zu verschwenden, an einer falschen Vorstellung über die Realität festzuhalten.

Das ist eine wichtige Erkenntnis in Bezug darauf, was auf dem Spiel steht. Tatsächlich steht überhaupt nichts auf dem Spiel. Wenn der andere gut zu uns passt, dann öffnet das Gespräch eine Tür zu dem, was möglicherweise danach kommt. Wenn er nicht gut zu uns passt, dann wäre es – egal wie lange wir warten würden – auch später nicht stimmig. Und nur weil es mit einem bestimmten Menschen nicht passt, bedeutet das nicht, dass dies bei vielen anderen genauso der Fall ist.

Schauen wir daher nach vorne. Der Planet ist voller Menschen.

Und wir können viele davon kennenlernen, wenn wir sie mit einem Lächeln ansprechen, indem wir unseren Namen nennen, ihnen ein Kompliment machen und ihnen die erste Frage stellen.

GLÜCK

DAS LEBEN MACHT VIEL MEHR SPAß,
WENN WIR PROJEKTE HABEN,
DIE UNS BEGEISTERN.

Ich habe gelernt, dass das Leben viel mehr Spaß macht, wenn wir Projekte haben, die uns begeistern.
Viele Jahre lang habe ich in Jobs gearbeitet, die mir nicht gefielen. In dieser Zeit sah ich solche Projekte nur als eine weitere Reihe von Aktivitäten, die Minuten meines Lebens beanspruchten, aber wenig Wert für mich hatten.
Aber in Wirklichkeit können Projekte interessant und spannend sein sowie enorm viel Spaß machen. Der Trick besteht darin, dass wir auswählen, an welchen Projekten wir arbeiten, und darauf zu achten, dies weise zu entscheiden.
Es ist ziemlich einfach zu erkennen, welche Projekte spannend sind. Es sind diejenigen, bei denen wir morgens aufwachen und es gar nicht erwarten können loszulegen. Wir denken ständig daran und widmen ihnen unsere Zeit, um sie voranzubringen. Dies sind die wunderbaren Projekte.
Sie stehen in starkem Kontrast zu Aufgaben, die wir aufschieben, bis es absolut nötig ist, sie in Angriff zu nehmen.
Dann gibt es da noch die absolut großartigen Projekte. Die so fantastisch sind, dass wir sogar andere Dinge, die uns Spaß machen, für eine Weile unterbrechen. Wenn das geschieht, wissen wir, dass wir wirklich etwas Besonderes gefunden haben.

Ich habe gelernt, dass ich das Leben meiner Träume am leichtesten verwirklichen kann, wenn ich die Welt um mich herum beobachte und herausfinde, wer das Leben meiner Träume bereits lebt. Wenn ich so viel wie möglich über so jemanden lerne und dem Pfad folge, den er gegangen ist, habe ich eine viel bessere Chance, das Leben meiner Träume wahr werden zu lassen. Vielleicht ist es nicht immer leicht, aber ich habe gelernt, dass es häufig nicht annähernd so schwer ist, wie ich annehme.

Ich habe gelernt, dass dieses einfache Prinzip viel von dem Frust auflöst, den junge Leute in der Schule empfinden. Es hilft ihnen herauszufinden, wie das Leben ihrer Träume eigentlich aussieht. Zudem hilft es ihnen zu erkennen, dass es möglich ist, ein solches Leben zu verwirklichen, und zeigt ihnen Wege auf, es zu erreichen. Zum Teil sind sie frustriert, weil sie das Gefühl haben, das Leben müsste sinnvoller sein. Sie sehen, wie gestresst und unzufrieden viele Erwachsene sind, und möchten nicht, dass ihre eigene Realität irgendwann genauso aussieht.

Je mehr wir in dieser Hinsicht Vorbilder sein können, weil wir ein Leben führen, das unseren Träumen entspricht, desto größer ist ihre Chance, es ebenso zu tun.

Ich habe gelernt, dass das Reisen zu den Erfahrungen im Leben gehört, die uns die größten Erkenntnisse bescheren. Es berührt etwas tief in unserer Seele und erinnert uns daran, dass es weitaus mehr Dinge gibt und so viel mehr auf der Welt geschieht, als wir in unserem normalen Alltag wahrnehmen. Das hilft uns wie kaum etwas anderes, unsere Probleme aus einer gänzlich neuen Perspektive zu betrachten.

DAS REISEN LEHRT UNS,
DASS DIE GEMEINSAMKEITEN
UNTER DEN MENSCHEN AUF DER GANZEN WELT
GRÖẞER SIND ALS DIE UNTERSCHIEDE.

Egal wo ich auch gewesen bin, egal welches Wirtschaftssystem, welche Sprache, Religion oder welche kulturellen Gepflogenheiten in einem Land vorherrschen, es gibt dort Eltern, die ihre Kinder lieben und nur das Beste für sie wollen.

Die Menschen gehen zur Arbeit, um über die Runden zu kommen, die Miete zu bezahlen und etwas zu essen auf den Tisch zu bringen. Die Menschen lachen gemeinsam mit Freunden, genießen einen freien Tag und denken darüber nach, was sie mit ihrem Leben anfangen wollen. Sobald wir uns Zeit nehmen, um »andere« kennenzulernen, fällt es uns schwer, eine »Wir gegen die«-Haltung zu entwickeln. Das gehört zu den positiven Dingen, die das Reisen uns beschert.

Zudem öffnet uns das Reisen die Augen für die Wunder der Natur. Dieser Planet hat so viele unglaubliche Facetten, die wir tiefer wertschätzen, wenn wir sie im wirklichen Leben wahrnehmen, anstatt lediglich auf einem Bildschirm. Obwohl viele Dinge vielleicht in einem anderen Land als unserer Heimat zu finden sind, wird uns bewusst, dass sie dennoch ein Teil von uns und wir ein Teil von ihnen sind. So werden wir nicht nur zu Beschützern des kleinen Fleckchens Erde, auf dem wir geboren wurden oder leben, sondern zu Hütern des gesamten Planeten.

Das Reisen verändert auch unsere Perspektive auf die Zeit. Uns wird bewusst, dass Montag bis Freitag nicht nur Tage sind, die wir »überstehen« müssen, bis die Freiheit des Wochenendes gekommen ist. Angesichts der vielen unglaublichen Ziele, die wir erreichen, und der Abenteuer, die wir erleben können, wird uns die Kostbarkeit jedes einzelnen Tages überaus bewusst.

Ich habe gelernt, dass es guttut zu lachen. Es erfüllt unsere Seele mit Enthusiasmus, regt unseren Körper an, Heilungsprozesse in Gang zu bringen, und hilft uns, die Dinge aus einem positiveren Blickwinkel zu betrachten. Es verbindet uns damit, worum es im Leben wohl geht – es zu genießen. Noch nie im Laufe der Menschheitsgeschichte hatten wir einen so großen Zugang zu Dingen, die uns zum Lachen bringen können. Und dennoch gibt es mehr Menschen als je zuvor, die Antidepressiva nehmen.

Die Technologie bietet uns quasi endlos viele Inhalte, die uns lachen lassen. So können wir nach Belieben Episode um Episode einer lustigen Fernsehserie ansehen, den Tag mit einem witzigen YouTube-Video beginnen oder auf dem Weg zur Arbeit ein Comedy-Hörbuch hören. Ganz zu schweigen von der Möglichkeit, mit unseren Freunden oder Kindern oder aber über uns selbst zu lachen.

DIE GELEGENHEITEN SIND VORHANDEN.
ES IST AN UNS,
SIE IN UNSEREN ALLTAG ZU INTEGRIEREN.

Ich habe gelernt, dass die einfachsten Dinge uns Freude bereiten können. Heute bin ich in ein Stadtzentrum gegangen. Überall waren Geschäfte. Mit Kleidung, Elektrowaren, Möbeln … Mittendrin stand eine ältere Frau, die ein Taubenpaar fütterte. Ich sah ihr etwa zehn Minuten lang zu. Sie strahlte unaufhörlich über das ganze Gesicht. Ihr freudiges Lächeln war intensiver als bei irgendjemand anderem, den ich an diesem Nachmittag sah.
Es erinnerte mich daran, wie begeistert Kinder beim Füttern von Tieren sind. Ob im Streichelgehege eines Zoos oder beim Füttern von Enten im Teich eines Parks: Man sieht sofort, wie viel Spaß es ihnen macht.
Vielleicht fühlte sich die ältere Frau wie ein kleines Kind, als sie die Tauben fütterte. Vielleicht brachte es Erinnerungen an ihre Kindheit zurück. Ich weiß es nicht. Doch offenbar genoss sie jede Minute, die sie mit ihnen verbrachte. Und sicherlich ging es den Tauben genauso. Dabei war alles so einfach.

Ich habe gelernt, dass es ratsam ist, Dinge aufzuschreiben, an die ich mich erinnern will, selbst wenn ich mir sicher bin, dass ich sie nie vergessen werde.

Als ich Anfang dreißig war, ließ ich alles hinter mir zurück, um mit dem Rucksack die Welt zu bereisen. Es war in vielerlei Hinsicht eine lebensverändernde Erfahrung. Bevor ich losfuhr, kaufte ich mir ein kleines Notizbuch. Während meiner Reise nahm ich mir jeden Tag ein paar Minuten Zeit, um einige Notizen über meine Erlebnisse festzuhalten. Manchmal schrieb ich etwas über Dinge, die ich getan, oder über Orte, die ich besucht hatte. Zu anderen Zeiten notierte ich mir neue Erkenntnisse oder Beobachtungen, die ich gemacht hatte.

An manchen Tagen musste ich mich sehr dazu aufraffen, etwas aufzuschreiben. Denn es gab Bücher, die ich lesen und Menschen, mit denen ich mich unterhalten wollte, sowie viele andere Quellen unmittelbarerer Freude.

Als ich von meiner Reise zurückkehrte, dachte ich, ich würde mich für immer an alles erinnern, da es eine solch lebensverändernde Erfahrung gewesen war. Doch das war nicht der Fall. Nach ein paar Jahren konnte ich mich noch äußerst klar an Hunderte Abenteuer erinnern, die ich unternommen hatte, sowie an Orte, an denen ich gewesen war. Nach etwa zehn Jahren erinnerte ich mich noch deutlich an einige Dutzend besondere Ereignisse und Erlebnisse. Mittlerweile, etwa zwanzig Jahre später, sind nur noch eine Handvoll Momente übrig geblieben, die besonders hervorstechen.

Der Rest jedoch ist ziemlich aus meiner Erinnerung verschwunden, vor allem die kleinen, aber dennoch bedeutenden Augenblicke.
Doch sobald ich wieder in meinem Notizbuch lese, werden all die scheinbar verloren gegangenen Erinnerungsdateien erstaunlicherweise wieder reaktiviert. Ein einziger Satz bringt Geräusche, Gerüche und zahllose Details eines Tages zurück.
Als meine Tochter geboren wurde, war mir aufgrund meiner Erfahrung mit meinen Reisen und dem Notizbuch bewusst, wie sehr unsere Erinnerungen verblassen. Obwohl ich überzeugt davon war, dass ich nie all die wunderbaren Dinge vergessen würde, die ich erlebte, als ich Vater wurde, nahm ich mir alle paar Wochen Zeit, um sie aufzuschreiben. Das war eine der besten Entscheidungen, die ich in meinem Leben getroffen habe.
Denn so wie bei meinen Reiseerlebnissen verblassen die Details der gemeinsamen Zeit mit meiner Tochter leider im Laufe der Jahre immer mehr. Wann machte sie ihre allerersten Schritte? Welches waren ihre Lieblingsfernsehsendungen, als sie noch klein war? Welche Worte sagte sie zuerst, als sie zu sprechen begann?
Doch so wie bei meinen Reiseerlebnissen werden zehntausend Erinnerungen freigesetzt, wenn ich die Notizen über meine Tochter lese. Es ist so, als befänden sie sich alle in meinem Kopf und als wirkten die Worte aus dem Notizbuch wie ein Schlüssel, der den Zugang zu ihnen freisetzt.

Wir haben stets sehr viele Möglichkeiten, womit wir unsere Zeit verbringen. Wir können uns Verpflichtungen widmen, Abenteuern, unserer persönlichen Entwicklung oder diversen Vergnügungen nachgehen … Vieles davon verschafft uns ein intensiveres Gefühl sofortiger Befriedigung oder scheint viel dringlicher zu sein, als die besonderen Momente im Leben schriftlich festzuhalten. Daher ist es ungeheuer leicht, sich nicht die Zeit für Letzteres zu nehmen. Doch es lohnt sich sehr, es dennoch zu tun.

Es gibt uns die Chance, diese besonderen Momente und alles, was damit zusammenhängt, noch einmal zu erleben. Ein paar Mal im Jahr lese ich einige Abschnitte, die ich über meine Reisen oder über meine Tochter geschrieben habe, als sie noch klein war. Jedes Mal bereiten diese Momente mir unglaublich viel Freude.

Außerdem vermute ich, dass der Wert dieser Notizen mit der Zeit noch zunehmen wird. Wenn meine Möglichkeiten, neue Abenteuer zu erleben, weniger werden oder wenn ich irgendwann tatsächlich nicht mehr auf der Welt umherwandern kann, werden die Einträge in meinen Notizbüchern wahrscheinlich eine noch größere Bedeutung für mich gewinnen.

Auch wenn meine Tochter von zu Hause auszieht, um zu studieren, oder wenn sie eine eigene Familie gründet, werde ich mich sicher besonders über die Möglichkeit freuen, mich an die großartigen Momente zu erinnern, die wir im Laufe der Jahre zusammen verbracht haben.

Ich habe gelernt, dass drei einfache Dinge, die ich in mein Leben integriert habe, sich überaus positiv auf mein Befinden auswirken.

Erstens trinke ich ein Glas Wasser, um meinen Tag zu beginnen. Es ist das Allererste, was ich morgens nach dem Zähneputzen mache. Das ist wie ein Geschenk für meine Zellen. Während des Tages trinke ich sieben weitere Gläser. Es lässt sich einfach umsetzen, kostet so gut wie nichts und hat eine überaus positive Wirkung. Wenn Sie Lust haben, es auszuprobieren, gibt es eine einfache Methode, um dafür zu sorgen, dass Sie Ihre sieben Gläser trinken: Kaufen Sie einen Krug, in den eine entsprechende Wassermenge hineinpasst. Sobald Sie morgens Ihr erstes Glas Wasser getrunken haben, füllen Sie den Krug auf und trinken den ganzen Tag daraus. Wenn er leer ist, haben Sie es geschafft. Ihr Körper wird sich gut fühlen, da das Wasser Ihren Organismus wunderbar mit Flüssigkeit versorgt. Sie werden sich gut fühlen, weil Sie sich selbst etwas Gutes getan haben. Und mit der Krugmethode fühlt Ihr Geist sich jedes Mal gut, wenn Sie sich ein Glas einschenken – besonders am Schluss, weil er das Gefühl mag, konkret etwas geschafft zu haben.

Wenn Sie zu den Menschen gehören, die sich nach etwas Geschmack sehnen und für die Wasser allein einfach nichts ist, können Sie dem Wasser etwas beigeben, wenn Sie morgens den Krug auffüllen. Zum Beispiel etwas Zitrone, Apfel, Gurke, frische Pfefferminzblätter ... All dies sind wunderbare Zusätze. Sie verleihen Ihrem Wasser nicht nur etwas Geschmack, sondern Sie erhalten so auch ein paar extra Vitamine.

Das zweite Element, das ich in mein Leben integriert habe, ist eine dreißigminütige Einheit mit ruhigen, harmonischen Dehnübungen, bevor der restliche Tag beginnt. Das ist ebenfalls einfach umsetzbar, kostet nichts und hat ungeheuer positive Wirkungen. Es gibt unzählige simple Stretching-Videos auf YouTube, falls Sie nicht wissen, wie Sie anfangen sollen. Am wichtigsten ist, die Übungen langsam und in Ruhe auszuführen. Es handelt sich nicht um eine extreme Kickboxeinheit zu dröhnender Musik, sondern es geht darum, Ihre Muskeln sanft zu dehnen.
Wenn das Stretching noch nicht zu Ihrer täglichen Routine gehört, werden Sie überrascht sein, wie viel Energie es Ihnen den gesamten Tag über verleiht. Es zwingt Sie dazu, Ihre Atmung zu verlangsamen, schenkt Ihrem Geist Zeit zu denken und wärmt einfach alles für die Aktivitäten des Tages auf.

Das dritte Element ist ein fünfzehnminütiger Spaziergang jeden Abend nach dem Essen. Das Gehen ist sehr gut für unsere Hüften, Schultern und unsere Körperhaltung insgesamt. Wir sind dafür gemacht zu gehen, unsere Arme schwingen zu lassen, Hunderte Meter nach vorne zu blicken und tief durchzuatmen. Doch heutzutage besteht die menschliche Routine häufig darin, den ganzen Tag zu sitzen. Mit nach vorne hängenden Schultern schauen wir auf einen Bildschirm, der sich einen Meter vor unserem Gesicht befindet. Dabei bewegen wir uns kaum und atmen nur flach.

Das Gehen fördert offenbar die Verdauung des Abendessens, das wir zuvor zu uns genommen haben, was wiederum zu einem besseren Schlaf führt.

Die Gesamtkosten für all diese drei Dinge sind sehr gering oder es ist gar umsonst, der Zeitaufwand ist minimal, die Umsetzung könnte nicht einfacher sein, der Spaß- oder Genussfaktor ist zumindest besser als durchschnittlich und die positiven Wirkungen sind beeindruckend.

Ich habe Folgendes gelernt: Egal was wir tun, egal wie gut wir es machen, egal wie gut unsere Absichten auch sein mögen – einem gewissen Prozentsatz von Menschen wird es nicht gefallen. Doch das hat nichts mit uns zu tun.
Es hat etwas mit den Problemen dieser Leute zu tun, mit ihren eigenen Schwierigkeiten und Frustrationen, die sie auf uns projizieren.
Ich habe außerdem gelernt, dass wir unsere Zeit, Energie und Aufmerksamkeit in solchen Momenten entweder denjenigen widmen können, denen nicht gefällt, was wir tun, oder denjenigen, die sich dafür begeistern.
Ich habe gelernt, dass es stets besser ist, uns auf die Menschen zu konzentrieren, denen gefällt, was wir tun, und ihnen unsere Wertschätzung zu zeigen. Immer.

Ich habe gelernt, dass die kleinen Dinge unsere Lebensqualität manchmal in entscheidendem Maße bestimmen.
Uns nicht von einem Wecker aufwecken zu lassen. Ein Arbeitsweg von weniger als zehn Minuten. Mit unseren Kindern oder unserem Partner zu frühstücken. Von unserem Fenster aus auf Bäume schauen zu können. Freie Wochenenden.
Diese Dinge kommen uns vielleicht unwesentlich vor, aber ihre Wirkung kann einen riesigen Einfluss darauf haben, wie wir uns jeden Tag fühlen.
Diese kleinen, aber wichtigen Dinge zu erkennen und sie dann in unser Leben zu integrieren ist so, als würden wir Filter auf einer Website setzen. Anstatt jedoch die Marke, das Modell, die Farbe, das Herstellungsjahr und den Preis für ein Auto auszuwählen, das wir kaufen wollen, nutzen wir unsere persönlichen kleinen Filter für unsere Lebensentscheidungen.
Das ist eine großartige Methode, um dafür zu sorgen, dass wir »unsere« Version eines außergewöhnlichen Lebens verwirklichen.

Ich habe gelernt, dass das Leben viel schöner ist, wenn wir uns auf etwas freuen können.

Das kann etwas Kleines sein wie zum Beispiel abends ein Buch unseres Lieblingsautors zu lesen. Oder etwas Größeres wie etwa ein wöchentlicher Kurs oder eine Aktivität, an der wir teilnehmen.

Ein Urlaub in unserem Kalender verleiht jedem Tag, der darauf hinführt, ein wunderbares Gefühl. Schon Wochen vorher steigen unsere Vorfreude und die gespannte Erwartung, wenn der Abreisetag immer näher rückt.

Dann sind da noch unsere sozialen Beziehungen. Nachmittags auf die Uhr zu schauen und zu wissen, dass wir uns in wenigen Stunden mit jemandem treffen werden, der uns zum Lächeln bringt oder uns ein besonderes Gefühl vermittelt, ist unschätzbar wertvoll.

Uns all dessen bewusst zu sein und es für uns zu nutzen ist einer der Schlüssel, die unsere menschliche Erfahrung freudvoll werden lassen.

ERFOLG

JEDE ENTSCHEIDUNG,

DIE ICH TREFFE ODER NICHT TREFFE,

ÖFFNET TÜREN

VOLLER MÖGLICHKEITEN

ODER SCHLIEẞT SIE.

Ich habe gelernt, dass jede Entscheidung, die ich treffe oder nicht treffe, Türen voller Möglichkeiten öffnet oder schließt.
Meine Realität spiegelt wider, welche Türen ich geöffnet oder geschlossen habe und ob ich es dabei belassen habe. Jede dieser Entscheidungen wirkt sich auf meine Ressourcen an freier Zeit, geistiger Kraft, Geld, emotionaler Verfügbarkeit und Kreativität aus.
Wenn ich die Tür zu einem gut bezahlten Job mit einer 60-Stunden-Woche, ohne freie Wochenenden öffne, mehren sich wahrscheinlich meine finanziellen Ressourcen, aber meine freie Zeit und emotionale Verfügbarkeit verringern sich.
Ist es die richtige Entscheidung? Das kommt darauf an. Welches Leben möchte ich im Moment führen? Was wünsche ich mir für die Zukunft?
Wenn ich meinen Job kündige und wieder an der Universität studiere, um einen weiteren Abschluss in einem Bereich zu machen, den ich spannender finde, werden sich meine finanziellen Ressourcen wahrscheinlich reduzieren. Aber vielleicht erreichen meine emotionale Verfügbarkeit und Kreativität Ebenen, die ich mir zuvor nicht vorstellen konnte.
Ist dies also die richtige Entscheidung? Das hängt ebenfalls davon ab, welches Leben ich im Moment führen möchte und was ich mir für die Zukunft wünsche.
Ich kann jede meiner geöffneten Türen schließen. Und ich kann jede Tür öffnen, die im Moment geschlossen ist. Diese Handlungen haben meine Realität bisher stets bestimmt und werden das auch weiterhin stets tun.

Wenn ich weiß, wohin diese Türen führen und wie sie sich auf mein Leben auswirken, bin ich in der Lage, sie voller Mut und Zuversicht einzusetzen, um das Leben zu leben, das ich tatsächlich leben möchte.

Ich habe Folgendes gelernt: Wenn wir nicht aufpassen, verbringen wir unsere Tage damit, nur noch auf Dinge zu reagieren. Wir wachen auf und schauen auf unser Handy. Welche Leute haben uns eine SMS geschickt? Was möchten sie? Welche E-Mails sind seit dem vorigen Abend eingegangen, und welche Anliegen haben die Leute, die sie uns geschickt haben? Welche neuen Nachrichten gibt es, seitdem wir acht Stunden zuvor eingeschlafen sind? Welchen Einfluss haben sie auf unseren Morgen?

Unser Tag ist von Anfang an von den Krisen aller möglichen Leute erfüllt. Selbst wenn wir nicht bereit sind, uns in einem bestimmten Moment mit ihren Problemen zu beschäftigen, wollen wir wissen, worum es geht, damit wir darüber nachdenken können. Zum Beispiel während wir unsere Kinder zur Schule fahren oder gemeinsam mit ihnen frühstücken. Oder während der halben Stunde, die wir mit unserem Partner verbringen, bevor beide zur Arbeit aufbrechen.

Sofern das für uns in Ordnung ist, ist alles wunderbar. Vielleicht entspricht es genau der Laufbahn, die wir gewählt haben, oder der Art und Weise, wie wir für andere da sind. Sollte es allerdings nicht so sein, ist es eine Angewohnheit, die uns auszehrt, wenn wir sie uns nicht abgewöhnen.

Diese Angewohnheit kann uns dazu bringen, uns am Ende eines Tages oder einer Woche zu fragen, worin bei all dem eigentlich der Sinn liegt. Denn es versetzt uns in eine Position, in der wir ein Teilnehmer im Film aller anderen sind, aber nicht die Regie bei unserem eigenen Film übernehmen. Es nagt an unserer Unabhängigkeit und entfernt uns von den Dingen, die wir eigentlich für bedeutsamer halten.

Mir ist bewusst geworden, wie leicht wir uns dieses Verhalten angewöhnen können. Mir ist auch bewusst geworden, wie sinnvoll es ist, es uns wieder abzugewöhnen. In Ihrer Welt bedeutet das vielleicht, dass Sie nach dem Aufstehen erst einmal unter die Dusche gehen und danach dreißig Minuten Yoga oder Stretching-Übungen machen, bevor der restliche Tag kommen kann. Vielleicht bereiten Sie das Frühstück für Ihre Kinder vor und unterhalten sich mit ihnen – sowohl zu Hause als auch auf dem Weg zur Schule. Jeder Mensch definiert auf seine eigene Weise, wie ein sinnvoller Tagesanfang für ihn selbst aussieht.

Der Punkt ist folgender: Was auch immer in den SMS oder E-Mails steht und welche Informationen die aktuellen Nachrichten auch enthalten mögen, all das wird auch um neun Uhr oder neun Uhr dreißig noch vorhanden sein. Aber bei vielen anderen Dingen ist das nicht der Fall. Wenn die Gelegenheit dafür vorbei ist, war es das für den Tag.

Ich habe mir dieses Verhalten abgewöhnt, indem ich mich gefragt habe, wie *ich* meinen Tag beginnen möchte. Dann habe ich eine Woche lang bewusst darauf geachtet, mich daran zu halten. Eine Sache war leicht umsetzbar: Ein großes Glas Wasser trinken, um meinen Organismus mit Flüssigkeit zu versorgen und den Tag auf eine gesunde Weise zu beginnen. Allerdings ohne beim Trinken des Wassers auf mein Handy zu schauen. Ich hole mir nur das Wasser und nehme mir Zeit, es zu trinken.

Es klingt vielleicht banal, aber manchmal schaffen die einfachen Dinge die Basis für die bedeutenderen. Es ist, als würde unser Geist erkennen, dass die Welt nicht untergegangen ist, nur weil wir nicht innerhalb der ersten fünf Minuten nach dem Aufstehen auf unser Handy geschaut haben. Deshalb öffnet er sich für die Möglichkeit, diesen Ansatz auch in einem größeren Rahmen zu beherzigen.

Ein weiterer Punkt auf meiner »Wie ich den Tag beginnen will«-Liste war, eine lohnende Zeit zusammen mit meiner Familie zu verbringen, bevor dann jeder seiner Wege geht. Kinder wachsen unglaublich schnell. Die Anzahl der Gelegenheiten, gemeinsam mit ihnen zu lachen, das Frühstück für sie zu machen, ihnen dabei zu helfen, ihre Sachen für die Schule zu packen ... ist begrenzt.

Vielleicht haben Sie keine Kinder. Deshalb könnte es in Ihrem Fall darum gehen, die ersten Minuten des Tages mit Ihrem Partner zu verbringen oder Zeit für sich selbst zu haben.

Wenn wir nicht aufpassen, enthalten wir möglicherweise bedeutsame, wertvolle Zeit und unsere Aufmerksamkeit denjenigen vor, die uns wichtig sind, opfern diese Zeit, um uns mit weniger wertvollen Dingen zu befassen oder uns Menschen zu widmen, die uns nicht so viel bedeuten. Und all das nur, weil eine Anfrage uns über unser Handy erreicht hat.

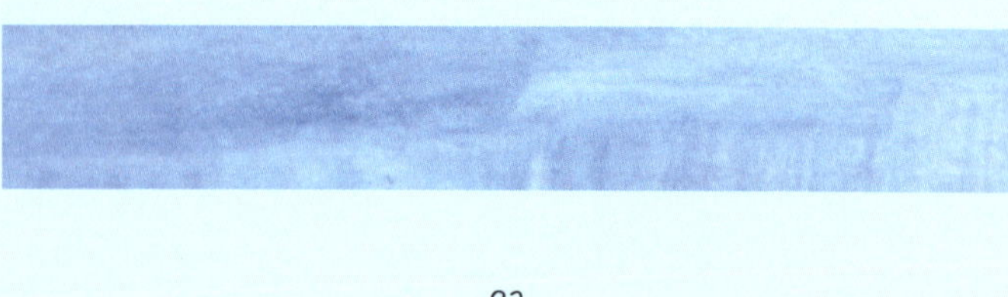

Ich habe gelernt, wie wichtig es ist, unter einer Welle hindurchtauchen zu können. Sind Sie an einem Strand schon einmal von einer Welle umgeworfen worden, als Sie im Wasser waren?
Neulich war ich gemeinsam mit einem Freund in der Nähe von Puerto Vallarta in Mexiko beim Wandern. Es gibt eine sehr schöne Tour an den Klippen entlang, die im Westen großartige Ausblicke auf den Ozean und im Osten auf den Urwald bietet.
Etwa alle zwanzig Minuten kommt man zu einem kleinen hübschen Strand, an dem man zur Abkühlung ins Wasser tauchen kann. Am Tag unserer Wanderung war die Brandung sehr stark. Außerdem brachen die Wellen sich nah beim Strand, was sie besonders gefährlich macht.
Ideal sind Wellen, die sich so brechen, dass das Wasser und die Gischt viele Meter auf dem Strand auslaufen und so ihre Kraft verlieren. Solche Wellen sind wunderbar zum Surfen und Bodyboarden geeignet. Wenn man die Welle richtig erwischt, kann man bis zum Ufer schön lange auf ihr reiten und hat nichts als sandigen Untergrund unter sich.

WELLEN,
DIE SICH ÜBERSCHLAGEN
UND MIT GROẞER WUCHT
AUF DEN BODEN KRACHEN,
OHNE AUF DEM SAND AUSZULAUFEN,
BEUTELN UNS HEFTIG,
WENN WIR NICHT WISSEN,
WIE WIR UNS VERHALTEN MÜSSEN.

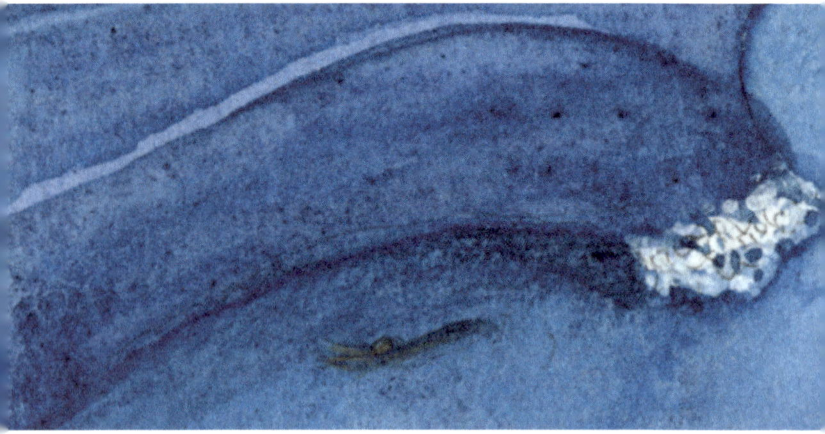

Mir war heiß vom Wandern, also beschlossen mein Freund und ich, schwimmen zu gehen. Wir warteten auf eine Lücke zwischen den Wellen und wateten so weit ins Wasser hinein, bis es uns etwa bis zur Taille reichte. Ein paar Sekunden später rollten ein paar riesige Wellen heran. Als die erste davon kurz davor war, sich über uns zu brechen, tauchten wir beide ins Wasser hinein und unter der Welle durch. Hätten wir das nicht gemacht, wären die Konsequenzen fatal gewesen. Wir hätten uns mit großer Wahrscheinlichkeit verletzt, und für einen ungeübten Schwimmer ist die Gefahr, in solchen Situationen zu Tode zu kommen, sehr real.

Als ich mit meinem Freund hinter die Linie schwamm, wo die Wellen sich brachen, kam mir der Gedanke, dass vieles im Leben genauso abläuft, wie das, was ich in diesem Moment erlebt hatte. Das Leben ist voller Herausforderungen und Hindernisse. Manche davon verletzen uns. Andere beuteln uns gewaltig, sowohl körperlich als auch emotional. Die Wahrscheinlichkeit, dass es dazu kommt, verringert sich allerdings erheblich, wenn wir über das entsprechende Wissen verfügen und es auch nutzen können.

Die Technik, durch die Wellen hindurchzutauchen, wird vorwiegend von Surfern praktiziert, aber sie ist für alle, die im Meer schwimmen, sehr nützlich. Sie lässt sich leicht anwenden und ist unglaublich effektiv – wenn man weiß, wie es geht, und es körperlich umsetzen kann.

Wenn ich als Kind am Strand war, sprang ich normalerweise in die Wellen hinein oder versuchte, über sie hinwegzuspringen. Wir wohnten nicht in der Nähe des Meeres und fuhren nur ein Mal im Jahr dorthin, daher war es kein Teil meines Alltags. Ich lernte ziemlich schnell, dass es eine ziemlich ineffektive Technik war, in die Wellen hinein- oder über sie hinüberzuspringen. Aber ich hatte keine gute Alternative.

Als wir schließlich einmal an einem Platz waren, an dem ein paar Leute surften, beobachtete ich voller Bewunderung, wie die Surfer im letzten Moment unter den riesigen Wellen abtauchten. Es sah selbstmörderisch aus, aber sie tauchten stets gemeinsam mit ihrem Surfbrett unversehrt hinter der Welle wieder auf.

Also nahm ich eines Morgens all meinen Mut zusammen und versuchte es. Und es funktionierte! Ich spürte, wie die riesige Wassermasse über mich hinwegglitt, aber mir passierte nichts. Ich probierte es wieder und wieder. Jedes Mal wurde mein Timing etwas besser und mein Selbstvertrauen wuchs.

Es war ein Morgen, der mein Leben veränderte und von dem ich seither profitiere. Ohne diese Technik könnte ich weder surfen noch Kajak auf dem Meer fahren noch an Stellen mit hohen Wellen schwimmen. Und das wäre sehr schade, denn all das mache ich liebend gerne.

BEI SEHR VIELEN DINGEN IM LEBEN
GEHT ES DARUM ZU LERNEN,
»UNTER DEN WELLEN
HINDURCHZUTAUCHEN«.

Egal ob wir gerne Hairstylist, Mutter beziehungsweise Vater, Unternehmer, Lehrer, Führungskraft oder ein Freund sein wollen ... es gibt viele Hindernisse, die uns beuteln und verletzen. Aber ebenso gibt es leicht erlernbare und gut umsetzbare Techniken, um diese Hindernisse zu überwinden. Diese Fertigkeiten, dieses »Unter der Welle Durchtauchen« sollten wir uns so früh wie möglich bei den Aktivitäten aneignen und sie perfektionieren, denen wir im Leben nachgehen möchten. Das ist einer der wichtigen Schlüssel für Erfolg und Glück.

Ich habe gelernt, dass Langeweile ein großartiger Katalysator für Innovationen sein kann. Denn die Langeweile kann uns dazu inspirieren, folgende Frage zu stellen: »Was könnte ich tun, damit ich mich nicht mehr langweile?«

Das ist eine faszinierende Frage, die zu einigen der ganz besonderen Momente im Leben führen kann.

Weil mir langweilig war, hatte ich die Idee zu diesem Buch. Ich war gerade auf einer PR-Reise und benötigte etwas aus einem Laden. Also zog ich von meinem Hotel aus los und ging etwa dreißig Minuten zu Fuß zu einem Einkaufszentrum. Als ich dort ankam, musste ich feststellen, dass es nicht geöffnet hatte, weil Sonntag war.

Anfangs reagierte ich frustriert. Ich war gerade dreißig Minuten umsonst gelaufen und dasselbe stand mir retour zum Hotel nun noch einmal bevor. Aber da ich auf dem Rückmarsch ins Hotel nichts zu tun hatte, suchte mein Geist sich einen Ausweg aus der Langeweile. Er nahm Dinge wahr, die er vorher nicht bemerkt hatte.

Da war zum Beispiel ein ungewöhnlich gestalteter Brunnen in der Form eines Baums. Eine ältere Dame, die Tauben fütterte. Ein gutmütiger streunender Hund, der sehr einsam wirkte, da niemand ihn streichelte, egal wie treuherzig er dreinblickte oder wie eifrig er auch mit dem Schwanz wedelte.

All das führte zu einigen interessanten inneren Dialogen in meinem Kopf. Ich begann, sie in meinem Handy zu notieren, und plötzlich kam mir die Idee zu diesem Buch.

WIR LEBEN IN EINER WELT
STÄNDIGER GEISTIGER STIMULATION.
DENNOCH FÜHLEN SICH DIE MENSCHEN
HÄUFIG ORIENTIERUNGSLOS
UND UNINSPIRIERT.
VIELLEICHT IST ETWAS LANGEWEILE
GENAU DIE RICHTIGE LÖSUNG DAFÜR.

Ich habe gelernt, dass jedes Hindernis ein großes Plus sein kann, wenn wir es zu nutzen wissen.

J.K. Rowling, die Autorin der Harry-Potter-Reihe, wurde von zwölf Verlagen abgelehnt. Was ihre Geschichte für die Medien nur noch spektakulärer macht. Denn schließlich enthält sie einen faszinierenden Aspekt und erzeugt einen »Wow-Effekt«. Und Interviewer unterhalten sich vorzugsweise mit Menschen, die eine fesselnde Vergangenheit haben.

Als der berühmte Golfspieler Tiger Woods im Alter von 43 Jahren das Masters-Turnier gewann, war es eine riesige Story. Nicht nur aufgrund seines Alters. Die Geschichte schlug so gewaltig ein, weil sich im Privatleben des Golfers in den zehn Jahren zuvor so viele Dramen abgespielt hatten. Seine Beziehungsprobleme und gesundheitlichen Herausforderungen sowie mehrere Trainerwechsel waren allesamt große Stolpersteine auf seinem Pfad. All das machte seinen Sieg umso spektakulärer.

Jeder Gast bei einer Talkshow ist zum Teil aufgrund seiner persönlichen Herausforderungen dort. Ein gerader Weg zum Erfolg interessiert die Menschen nur begrenzt. Aber Geschichten wie die vom Tellerwäscher, der zum Millionär wird, vom vollkommen Unbekannten, der sich in einen Helden verwandelt, vom Underdog, der als Sieger hervorgeht – solche Geschichten fesseln die Aufmerksamkeit der Leute.

UNSERE SCHWIERIGSTEN KÄMPFE,
SCHLIMMSTEN KATASTROPHEN
UND TIEFSTEN TIEFEN
KÖNNEN ALLESAMT EIN TEIL DESSEN SEIN,
WAS UNS LETZTLICH ZU
UNSEREN GRÖßTEN HÖHEN FÜHRT.

Je besser wir das verstehen und je mehr Beispiele wir kennen, aus denen wir lernen können, desto unschlagbarer werden wir. Denn wir begreifen, dass alles ein Gewinn sein kann, wenn wir es uns entsprechend zunutze machen.

Ich habe gelernt, dass wir ohne einen Plan nur sehr wenig schaffen. Wir lassen uns nur allzu leicht von jedem schillernden Objekt ablenken, das in unser Blickfeld gerät. Nur allzu bereitwillig lässt unser Geist Dinge zu, die uns eine schnelle Dopamindosis und unmittelbare Befriedigung bescheren, jedoch keinerlei langfristige Vorteile bringen und unsere Zeit und Aufmerksamkeit in Anspruch nehmen. Und nur allzu gern widmen wir viele Minuten des Tages den wichtigen Problemen anderer Menschen, anstatt uns um unsere eigenen Belange zu kümmern.

Ich habe gelernt, dass wir nur sehr wenig erreichen, wenn uns der Mut fehlt, einen Plan durchzuziehen. Das oberste Ziel unseres Geistes besteht darin, uns am Leben zu erhalten. Er möchte heute das tun, was er gestern getan hat. Denn was immer es auch gewesen sein mag, es hat offensichtlich funktioniert – schließlich sind wir noch am Leben. Doch wenn sich in unserem Handeln und Verhalten nichts ändert, werden wir morgen noch ziemlich genau dort sein, wo wir heute sind. Mut ist die Bereitschaft, etwas anderes auszuprobieren. Einen Schritt ins Unbekannte zu wagen, ohne Garantie, wie es ausgehen wird.

Ich habe gelernt, dass die Umsetzung eines Plans zehn Mal so lange dauert, wenn wir keine Vorbilder haben – egal wie gut ausgearbeitet unser Plan auch sein mag und wie beherzt wir das Projekt auch in Angriff nehmen mögen. Wenn wir uns an Beispielen von Menschen orientieren, die bereits geschafft haben, was wir tun möchten, ist die Situation eine völlig andere. Es besteht keine Notwendigkeit, bei Null anzufangen. Wenn wir uns auf diejenigen stützen, die das Ziel, das wir selbst anvisieren, bereits erreicht haben, wird der Weg dorthin exponentiell kürzer und leichter.
Ich habe gelernt, dass die Wahrscheinlichkeit, erfolgreich zu sein, trotz alledem gering ist, wenn wir nicht bereit sind, Hilfe von anderen anzunehmen. Hilfe anzunehmen ist kein Zeichen von Schwäche. Es ist vielmehr ein Zeichen von Intelligenz. Darüber hinaus ist es ein Akt der Großzügigkeit. Wir selbst helfen anderen gerne, weil es uns ein gutes Gefühl verleiht. Wenn wir anderen im Gegenzug erlauben, uns zu helfen, geben wir *ihnen* die Chance, sich gut zu fühlen.

Ich habe gelernt, dass die Wahl unserer persönlichen Vorbilder maßgeblich beeinflusst, zu welchem Menschen wir uns entwickeln.

Das gilt für alle Lebensbereiche. Wie wir die Erziehung unserer Kinder gestalten, welchen Führungsstil wir im Berufsleben anwenden, was für ein Freund wir sind, wie wir auf Stress reagieren, wie wir mit unserem Körper umgehen, wie wir mit anderen Menschen reden …

Wenn wir fünf großartige Vorbilder für die Bereiche haben, in denen wir sehr gut sein möchten, bringt uns das auf dem Weg zum Erfolg unglaublich voran. Die Vorbilder müssen dabei nicht »alle Kriterien erfüllen«. Sie sollten zwar einige Eigenschaften haben, die wir toll finden und uns gerne zu eigen machen möchten, aber es ist in Ordnung, wenn sie in mancher Hinsicht nicht dem entsprechen, wie wir selbst gerne sein möchten.

Denn wir können jeweils wählen, welche Dinge wir bei den fünf verschiedenen Menschen bewundern, und daraus unsere gewünschte Version von uns selbst gestalten. Vielleicht streben wir bestimmte Verhaltensweisen an, die unsere Vorbilder zeigen, oder Eigenschaften, die sie besitzen, Fähigkeiten, die sie beherrschen, Persönlichkeitsmerkmale, die bei ihnen sichtbar werden … Es kann alles Mögliche sein.

Wenn wir mit diesen Bausteinen beginnen können, anstatt alles selbst erfinden und neu erschaffen zu müssen, werden wir im Leben viel schneller vorankommen.

Dieser Ansatz ist zudem ein unglaublich effektiver und einfacher Weg, um Bereiche unseres Lebens zu analysieren, die nicht so gut laufen, wie wir das gerne hätten. Wir müssen uns dafür lediglich fragen: »Welche Vorbilder habe ich in diesen Bereichen?« Manchmal haben wir vielleicht keine Vorbilder. Das ist vollkommen in Ordnung, denn es ist eine wunderbare Gelegenheit, fünf großartige Persönlichkeiten auszuwählen und Dinge anzustreben, für die wir sie bewundern.

In anderen Situationen haben wir uns vielleicht Menschen zum Vorbild genommen, ohne bewusst darüber nachzudenken. Gut so. Denn es ist eine prima Gelegenheit, uns von denjenigen zu verabschieden, deren Eigenschaften uns nicht weiterbringen, und sie durch geeignetere Vorbilder zu ersetzen.

Es hat noch nie einen besseren Zeitpunkt gegeben, um von diesem Ansatz zu profitieren, da uns mittlerweile so viele Ressourcen sofort zur Verfügung stehen. Wir müssen dafür lediglich ein bisschen Zeit investieren und die Bereitschaft haben, diesen Ansatz aktiv zu nutzen.

Persönlicher Erfolg, das habe ich gelernt, muss von demjenigen definiert werden, der ihn anstrebt. Nur so wird es wirklich einer.

Ich habe Folgendes gelernt: Wenn wir etwas Bestimmtes verwirklichen wollen, ist es ratsam, es vorab in einem kleinen Rahmen auszuprobieren.

Manchmal entspricht die Vorstellung, die wir von etwas haben, nicht ganz der Realität. Ich lernte vor ein paar Jahren ein Paar kennen, dessen beeindruckende Geschichte das veranschaulicht. Über 20 Jahre lang hatten die beiden auf einen gemeinsamen Traum hingearbeitet. Sie wollten sich im Alter von 65 Jahren aus dem Berufsleben zurückziehen, ein Wohnmobil kaufen und damit durch das Land gondeln. Es war ein Traum, über den sie sprachen, den sie in Gedanken ausmalten und für den sie Pläne schmiedeten. Sie sparten ihr Geld dafür, zählten die Tage und als sie beide 65 waren, hörten sie auf zu arbeiten. Es war ein Jubeltag für sie. Ein paar Tage später fuhren sie zu einem der größten Wohnmobilhändler in ihrer Region. Sie besichtigten die verschiedenen Modelle, begutachteten die jeweilige Ausstattung und entschieden sich für einen Wagen, der ihren Bedürfnissen entsprach.

Das ausgewählte Modell ließen sie noch individuell ausstatten, daher dauerte es einige Wochen, bis das Paar es abholen konnte. In diesen Wochen begannen die beiden, ihr Leben anzupassen, in der Erwartung, auf ihren Fahrten durch das Land jeweils für einen langen Zeitraum unterwegs zu sein. Sie packten ihre Kleidung, stellten die Ausrüstung zusammen und planten ihre Routen.

Kurz darauf war ihr Fahrzeug fertig. Sie holten es ab, fuhren damit nach Hause, und eine Woche später, nachdem sie all die Dinge eingepackt hatten, die sie ihrer Meinung nach brauchen würden, starteten sie in ihr großes Abenteuer.

Das Problem war: Nach einer Woche Unterwegssein stellten sie fest, dass sie sich eigentlich gar nicht gern in einem Wohnmobil aufhielten. Sie fühlten sich darin zu beengt, und das Fahrzeug ließ sich viel schwerer lenken, als sie es sich vorgestellt hatten. Außerdem vermissten sie ihre Freunde und die Familie. Und anders als bei ihren Aufenthalten in Hotels, die sich tatsächlich wie Urlaub anfühlten, waren sie nun für alles selbst verantwortlich.

Niemand machte ihre Betten. Es gab keinen Hotelangestellten an der Rezeption, den sie um eine Restaurantempfehlung bitten konnten. Und da das Wohnmobil so groß war, eignete es sich nicht dafür, einfach irgendwo hinzufahren, zu parken und zum Essen zu gehen. Daher bereiteten die beiden ihr Essen stets selbst zu.

Sie hielten das Ganze eine Weile durch, aber es war wirklich nicht ihr Ding. Also fuhren sie schließlich wieder nach Hause und verkauften das Wohnmobil.

Das Problem war, dass sie 20 Jahre lang auf ein Ideal statt auf eine Realität hingearbeitet hatten. Rückblickend – so sagten sie mir – wäre es besser gewesen, vor 20 Jahren, als ihnen die Idee kam, für zwei Wochen ein Wohnmobil zu mieten und auszuprobieren. So hätten sie aufgrund ihrer eigenen Erfahrung gewusst, wie es tatsächlich ist, mit einem Wohnmobil unterwegs zu sein. Diese Entscheidung hätte ihre Pläne und ihre Ausrichtung im Leben zweifellos erheblich verändert.

Ich bin einmal einer Führungskraft begegnet, die mir eine ähnliche Geschichte erzählte. Eine ihrer Mitarbeiterinnen war bei der Arbeit offenbar nie sehr engagiert. Sie erledigte ihre Aufgaben gerade gut genug, um eine Kündigung zu vermeiden, aber nie so gut, um je befördert zu werden.

Ihre Chefin gab ihr ein Exemplar meines Buchs ›The Big Five for Life‹ und bat sie, es zu lesen. Ein paar Wochen später setzten die beiden sich zusammen und führten ein ehrliches und offenes Gespräch darüber, was die Mitarbeiterin in ihrem Leben wirklich tun, sehen und erleben wollte. Die Frau erzählte ihrer Chefin, dass sie schon immer gerne Architektin werden wollte. Jeden Tag, wenn sie zur Arbeit kam, dachte sie daran, dass sie sich ihren Traum entgehen ließ.

Ihre Chefin reagierte sehr positiv, als sie das erfuhr. Und da im Unternehmen viele Architekten beschäftigt waren, die in unterschiedlichen Bereichen arbeiteten, wollte sie ihrer Mitarbeiterin die Gelegenheit geben, einigen davon im Laufe eines Monats über die Schulter zu schauen. Die Frau nahm das Angebot gerne an.

Sie trugen ein Nachbereitungsmeeting in ihre Kalender ein, bei dem sie darüber sprechen wollten, wie es gelaufen war und was es für die berufliche Perspektive der Mitarbeiterin bedeuten könnte. Die Chefin konnte dieses Meeting gar nicht erwarten. Sie war sehr froh darüber, dass sie die Mitarbeiterin mit den Architekten zusammenbringen und ihr so die Möglichkeit geben konnte, ihren Traum ein Stück weit zu leben. Sie ging davon aus, dass die Frau begeistert und energievoll zurückkommen würde, mit einem konkreten Plan für ihre Zukunft. Allerdings lief es nicht so.

Als sie sich wieder trafen, fragte die Chefin die Mitarbeiterin, wie es ihr ergangen war. Der erste Kommentar der Frau lautete: »Ich möchte nicht mehr Architektin werden.« Es kam heraus, dass sich ihre Vorstellung davon, welche Aufgaben Architekten haben und womit sie ihre Zeit verbringen, stark von der Realität unterschieden hatte. Aber das erkannte sie erst, nachdem sie einen Monat lang wirklich in das Leben von Architekten eingetaucht war.

Wie die Chefin mir erzählte, war die Frau nach dieser Erfahrung interessanterweise viel zufriedener und produktiver in ihrem Job. Offenbar hatte diese Realitätsdosis ihr geholfen, alles aus einer anderen Perspektive zu betrachten.

Beide Geschichten beinhalten eine wichtige Erkenntnis. Egal wie wir Erfolg oder einen persönlichen Traum definieren – ob es für uns bedeutet, in einem gut bezahlten Job zu arbeiten, ein Jahr um die Welt zu segeln, ein bestimmtes Auto zu fahren, mehr Zeit mit unserer Familie zu verbringen … –, es empfiehlt sich, es so bald wie möglich für ein Weilchen in einem kleinen Rahmen auszuprobieren.

Denn dann kommt es zu einem der beiden folgenden Szenarien: Wenn wir während unserer Testphase erkennen, dass unser Traum fantastisch oder sogar noch großartiger ist, als wir es erwartet haben, wird uns das eine unglaubliche Motivation verleihen, ihn zu verwirklichen. Sollte sich jedoch herausstellen, dass er unsere Erwartungen nicht erfüllt, versetzt uns das in die Lage, unsere geistigen und finanziellen Ressourcen sowie unsere Energie neu auszurichten, und zwar auf einen Traum, der uns *tatsächlich* begeistert.

Ich habe gelernt, dass es im Leben nur sehr selten eine Lösung gibt, die für alles Mögliche passt.

Es hat den Anschein, als suche die Gesellschaft im Allgemeinen nach Lösungen, die für *jeden* funktionieren. Angefangen bei Lehrmethoden für Kinder über Medikamente und Diäten bis hin zu Strategien für die persönliche Karriere – überall sucht man nach etwas, das *garantiert* funktioniert.

Es ist, als hätten wir die gesamte Menschheit zu einem homogenen »Etwas« zusammengefasst. Allerdings sind wir kein homogenes Etwas. Im Gegenteil, wir sind eine Ansammlung von über sieben Milliarden Individuen. Wenngleich wir viele Ähnlichkeiten haben, variieren unsere Reaktionen in der Regel sehr, wenn es etwa um die Wirkung eines Medikaments geht, um den Erfolg einer Lehrmethode oder darum, wie gut ein Film oder Kunstwerk uns gefällt. Was nicht heißt, dass ein bestimmtes Medikament nicht wirksam, ein Kunstwerk nicht gut oder eine bestimmte Lehrmethode nicht erfolgreich wäre. Es bedeutet lediglich, dass etwas möglicherweise für uns selbst nicht passt.

Das wurde mir neulich plötzlich bewusst, als ich online nach einem rezeptfreien Medikament suchte. In den Fünf-Sterne-Bewertungen wurde es über die Maßen gelobt. Die Menschen schilderten, wie sehr sich ihr Zustand dadurch verbessert hatte. Die Ein-Stern-Bewertungen klangen unzufrieden und verärgert. Darin hieß es, niemand solle das Produkt jemals kaufen, weil es nicht funktioniere. Die Leute, die nur einen Stern vergeben hatten, waren offenbar empört und fühlten sich betrogen, weil jemand es gewagt hatte, ein Produkt zu verkaufen, das nicht jedes Mal bei allen wirkte.

Ich habe gelernt, dass wir nicht darauf warten sollten, eine Lösung zu finden, die für »alle« funktioniert. Denn das ist, wenn überhaupt, nur sehr selten der Fall. Es geht auch nicht darum, lediglich zu Lösungen zu greifen, die offenbar für die Mehrheit der Menschen funktionieren. Denn möglicherweise gehören wir aufgrund unseres Körpertyps, der Art und Weise, wie unser Gehirn arbeitet, oder aufgrund unserer persönlichen Interessen selbst nicht zu dieser Mehrheit dazu.

ES GEHT DARUM,
LÖSUNGEN ZU FINDEN,
DIE FÜR UNS
ALS EINZIGARTIGE UND BESONDERE
PERSON FUNKTIONIEREN.

Ich habe gelernt, dass nichts ewig währt. Je mehr ich reise und die Welt kennenlerne und je mehr ich über die Geschichte der Menschheit erfahre, desto klarer wird mir, dass Zivilisationen kommen und gehen. In Südamerika waren alte Völker, die den Inkas vorausgegangen waren, dazu in der Lage, Gehirnoperationen sowie fortschrittliche Zahnbehandlungen durchzuführen und großartige Kunstwerke zu erschaffen. Dann war für Hunderte von Jahren alles verloren. Die alten Griechen entwickelten bereits Frühformen des Computers, die exakt die Gezeiten sowie die Bewegungen der Planeten bestimmen und komplexe mathematische Probleme lösen konnten. Dieses Wissen war über zweitausend Jahre lang verloren, bis vor Kurzem inmitten einiger antiker Artefakte solche Geräte wiederentdeckt wurden und mithilfe moderner Röntgenapparate und Computertomografen erforscht werden konnten.
Auf der ganzen Welt sind Zivilisationen, die ein sehr hohes intellektuelles und technologisches Niveau erreicht hatten, zusammengebrochen und entwickelten sich dann zu Gesellschaften von Jägern und Sammlern und kleinen Agrargemeinschaften zurück.
Ich habe auch gelernt, dass Geschichte sich wiederholt – ständig. Von der übermäßigen Ausbeutung von Ressourcen, die zum Untergang von Zivilisationen führt, bis zu machthungrigen Führern, die alles zerstören, was sich ihnen in den Weg stellt, und die schließlich aus diesem Grund getötet werden.

Für unser eigenes Leben können wir aus alldem die Erkenntnis gewinnen, dass unser Einsatz und unsere Errungenschaften, so großartig sie uns auch erscheinen mögen, auf der Zeitachse der Menschheitsgeschichte aller Wahrscheinlichkeit nach in der Kürze eines Wimpernschlags vergessen sein werden. Daher ist es wichtig, die Dinge realistisch zu betrachten. Dankbar für das Leben zu sein, so wie es heute ist, anstatt stets nach einem potenziellen künftigen Vermächtnis zu streben.

Und obwohl wir denken, unsere Geschichte sei einzigartig, waren Milliarden von Menschen bereits vor uns hier. Wenn wir uns eingehend mit ihren Geschichten befassen und unsere Entscheidungen bewusst treffen, können wir einige Fallstricke aus der Vergangenheit vermeiden. Wir können Routen wählen, die erwiesenermaßen zu einem besseren Leben, positiveren Ergebnissen und generell zu einer besseren Existenz führen.

Ich habe Folgendes gelernt: Wenn jemand uns eine Absage für etwas erteilt, bedeutet es nicht, dass die Antwort tatsächlich und definitiv »Nein« lautet. Es bedeutet, dass der andere keine Vorstellung davon hat, wie etwas Bestimmtes umgesetzt werden kann. Worum auch immer es sich dabei handeln mag.
Im Laufe meiner Karriere als Autor habe ich von über 200 Verlagen Absagen bekommen. Das heißt, über 200 Experten aus der Verlagswelt glaubten nicht, dass Menschen den Inhalt meiner Bücher lesen wollten.
Dieselben Bücher sind mittlerweile in 41 Sprachen übersetzt worden, waren fünf Mal Bestseller des Jahres, werden verfilmt und kommen bei den Lesern insgesamt sehr gut an. Was zeigt, dass all diese Absagen kein endgültiges *Nein* bedeuteten.
Jedem von uns ist eine gewisse Genialität zu eigen. Wenn Sie der Welt Ihre besonderen Talente präsentieren, sollten Sie sich das gerade Gesagte stets bewusst machen. Denn wahrscheinlich werden Sie an irgendeinem Punkt ein »Nein« zu hören bekommen. Vielleicht auch viele Male. Unter anderem von Menschen, die als Experten gelten.
In einer frühen Phase, wenn Sie gerade Ihre Begabung entwickeln und andere daran teilhaben lassen, kann das besonders entmutigend sein. Sie bewegen sich auf unbekanntem Terrain, Sie lernen Neues dazu und Sie haben vielleicht noch nicht so viel Vertrauen in sich selbst oder in das, was Sie zu bieten haben. Und in dieser Situation kommt nun ein großes »Nein« von jemandem, der viel mehr Erfahrung hat.

Wenn Sie dieses »Nein« als letztgültige Antwort sehen, wird Ihr besonderes Talent augenblicklich verkümmern. Was aberwitzig wäre.

Zahllose erfolgreiche Musiker wurden von Plattenfirmen abgelehnt. Es bedeutete nicht, dass ihre Musik nicht gut war. Es bedeutete vielmehr, dass die Labels nicht wussten, wie sie die Genialität der Musiker vermarkten sollten.

Zahllose Schauspieler wurden bei Castings abgewiesen, nur um am Ende die begehrtesten Filmpreise zu gewinnen. Es bedeutete nicht, dass sie keine guten Schauspieler waren. Es bedeutete lediglich, dass das Casting-Team nicht wusste, wie es das besondere Talent der Schauspieler für bestimmte Rollen nutzen sollte.

Erfinder, Medizinforscher, Lehrer und Menschen aus tausend anderen Spezialgebieten sind alle auf ein »Nein« gestoßen, bevor sie die Welt positiv verändert haben. Ihre Genialität und ihr Einsatz wurden Teil der Menschheitsgeschichte, denn obwohl das »Nein« zu ihrem Weg gehörte, ließen sie nicht zu, dass ihr Pfad an diesem Punkt endete.

Ich habe gelernt, dass unsere Chancen, ein Projekt zu verwirklichen, erheblich steigen, wenn wir uns mit anderen über unser Ziel austauschen. Alleine dadurch, dass wir mit jemandem darüber sprechen, werden wir Teil des Netzwerks all der Menschen, mit denen unser Gesprächspartner einst Kontakt hatte, all derjenigen, mit denen er aktuell in Verbindung steht, sowie derjenigen, die er in Zukunft kennenlernen wird.

Stellen Sie sich vor, Sie treffen sich zum Mittagessen mit einem Freund und erzählen ihm, dass Sie eine neue Passion haben – die Liebe zur Hydroponik. Sehr richtig, Sie kultivieren Erdbeeren, Basilikum, Salat und vier weitere Obst- und Gemüsesorten in Ihrer Wohnung! Und das ohne jeglichen Dreck! Ihr Ziel ist die hydroponische Selbstversorgung.

Eine halbe Stunde lang berichten Sie Ihrem Freund strahlend, dass Sie voller Begeisterung beobachten, wie Ihre Pflanzen wachsen und das Wasser von einem Wurzelsystem zum nächsten tropft. Sie erzählen ihm von YouTube-Videos über Hydroponik und von Ihren Experimenten mit verschiedenen Pflanzenarten.

Angenommen, Ihr Freund hätte einen Kollegen, der Hydroponik-Seminare an einer Universität in der Nähe abhält, was würde er Ihnen dann wohl mitteilen? Richtig, er würde Ihnen natürlich von dieser Person erzählen. Und dann würde er Ihnen anbieten, einen Kontakt zwischen Ihnen beiden herzustellen.

Oder stellen Sie sich vor, eine Woche nach Ihrem Mittagessen würde Ihr Freund durch eine Buchhandlung schlendern und auf einem der Büchertische einen Band mit dem Titel ›Hydroponik für zu Hause‹ entdecken. An wen würde er sofort denken? Genau, an Sie natürlich. Und was würde er tun?

Zumindest würde er Ihnen wohl per Handy ein Foto des Buchs schicken. Aller Wahrscheinlichkeit nach würde er das Buch kaufen und es Ihnen schenken. Warum würde er das tun? Weil Menschen gerne etwas zu den spannenden Reisen anderer beitragen möchten. Vor allem empfinden sie es als äußerst erfüllend, wenn sie anderen helfen, bei ihren aufregenden Unternehmungen *erfolgreich* zu sein.

Stellen Sie sich nun vor, dass Ihr Freund ein paar Wochen nach Ihrem Mittagessen seine Schreibtischschublade aufräumt. Abgesehen von 16 Kugelschreibern, der Reserveschachtel mit Heftklammern und drei Packungen Post-its stößt er auf eine Reihe von Visitenkarten. Diese stammen von Menschen, die er im Laufe der Jahre bei verschiedenen geschäftlichen und sozialen Events kennengelernt hat.
Eine der Visitenkarten, die er seit Langem vergessen hatte, ist von jemandem, der hydroponische Pflanzbehälter für den Heimbedarf herstellt. Und an wen wird er wieder sofort denken? Wen wird er kontaktieren?
Eine solche Dynamik entwickelt sich, wenn wir über unsere Ziele und das, was uns begeistert, sprechen. Auf diese Weise entsteht eine Verbindung zu den aktuellen, zukünftigen und bisherigen Netzwerken all der Menschen, mit denen wir reden. Und all das erhöht unsere Chancen exponentiell – darauf, unsere Ziele zu verwirklichen.

NATUR

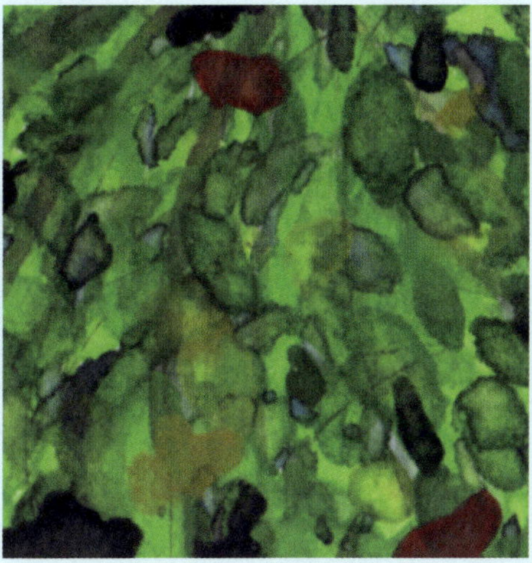

VIELE ANTWORTEN

ÜBER DAS GEHEIMNIS DES LEBENS

SIND IN DER WIRKLICHKEIT

ZU FINDEN,

DIE DIE NATUR UNS PRÄSENTIERT.

Ich habe gelernt, dass viele Antworten über das Geheimnis des Lebens in der Wirklichkeit zu finden sind, die die Natur uns präsentiert.

Denken wir zum Beispiel an den Lebenszyklus, den wir im Laufe eines Jahres beobachten können. Ein Baum kann im Januar abgestorben wirken. Er hat kein einziges Blatt. Keine einzige Knospe. Aber in Wirklichkeit ist er voller Leben. Es entwickelt sich langsam und bereitet sich Schritt für Schritt vor, und wenn dann der Frühling da ist, sprießt es mit neuen Knospen und Blüten üppig am ganzen Baum hervor.

Im Laufe der Frühlingsmonate wächst der Baum und reckt sich in alle möglichen neuen Richtungen. Im Sommer füllt er sich dann. Satte grüne Farben, breite Blätter, ein Baldachin aus dichtem Leben, während das Wachstum weitergeht.

Im Herbst nehmen die Blätter leuchtende Farben an, und der Baum bereitet sich auf das Jahresende vor. Für ein paar kurze Wochen bietet sich ein farbenprächtiges Spektakel – eine wahre Augenweide. Das letzte Hurra.

Dann fallen nach und nach die Blätter, bis vom Baum – im Vergleich zu vorher – nur noch ein Skelett übrig ist.

Es ist unglaublich inspirierend und hilfreich, diesen Zyklus zu beobachten und darüber nachzudenken, inwiefern das menschliche Leben Ähnlichkeiten dazu aufweist. Unser Leben durchläuft einen vergleichbaren Prozess, und wenn wir uns das bewusst machen, kann es uns helfen, unsere aktuelle Situation anzunehmen und zu feiern sowie das, was uns bevorsteht, zu begrüßen und uns auf das vorzubereiten, was vor uns liegt.

Ich habe gelernt, dass Inspirationen an den überraschendsten Orten zu finden sind.
Als ich zwölf Jahre alt war, begann ich zu jobben. Ich erledigte alle möglichen Arbeiten, die die meisten Erwachsenen nicht machen wollten. Rasen mähen, Unkraut jäten, Häuser streichen … Nach einer Weile war ich so versiert darin, dass ich die Jobs während meiner restlichen Schulzeit und als ich an der Universität studierte, in den Sommerferien beibehielt. Ich hatte zwar einen Vollzeitjob mit Air Condition, aber in meiner Freizeit arbeitete ich weiterhin draußen.
Wie Sie sich vielleicht vorstellen können, hatte ich nach zehn Jahren eine ganze Menge Unkraut gejätet. Da ich in einer Gegend lebte, wo es im Sommer sehr heiß war, bedeutete das, zehn Jahre in der Hitze schwitzen, zahllosen Insekten ausgesetzt sein, die überall um mich herumschwirrten, unzählige Stunden unter unangenehmen Bedingungen, verkrampfte Muskeln und viele Insektenstiche. Die Arbeit half mir, meine Ausbildung zu finanzieren, aber ich machte sie nicht besonders gerne.
Nach meinem Abschluss an der Universität beschloss ich daher, dass ich mein letztes Unkraut gejätet hatte. Von diesem Moment an sollte jemand anderer dafür zuständig sein, die Welt unkrautfrei zu halten.

Die nächsten zehn Jahre lief alles nach Plan. Ich lebte in Apartments und Hochhäusern. Ich dachte nicht einmal daran, mich mit einem Rasen oder Unkraut zu beschäftigen. Und als ich schließlich ein Haus kaufte, engagierte ich jemanden dafür, sich um den Rasen zu kümmern.

Und dann passierte es.

Der Mann, der meinen Rasen gepflegt hatte, zog fort. Deshalb musste ich jemand anderen finden. Zum Glück, so dachte ich jedenfalls, klebte jemand ein paar Tage später einen Flyer an meine Tür, mit dem er für seinen Rasenpflegeservice warb. Der Preis war viel günstiger, als das, was ich zuvor bezahlt hatte, daher schien es ein absolutes Schnäppchen zu sein. Ich beschloss, dem Mann eine Chance zu geben.

Etwa sechs Wochen nachdem der neue Gartenpfleger die Kontrolle über meinen Rasen übernommen hatte, fiel mir auf, dass eine Menge Unkraut im Gras hervorspross. Und es war nicht irgendein Unkraut. Es war eine sehr schmerzhafte Art mit kleinen sternförmigen Dornen, die sich einem in die Füße bohren, wenn man über den Rasen läuft. Zunächst waren es nur einige wenige Exemplare, aber im Laufe der Wochen nahmen sie immer mehr zu. Ich sprach den neuen Rasenpfleger darauf an, aber er antwortete schlicht, er kenne sich mit Unkraut überhaupt nicht aus. Er mähe lediglich alles, was eben zu mähen sei.

Ein weiterer Monat verging. Eines Tages, als ich mein Auto in der Einfahrt parkte und über den seitlichen Fußweg auf den Vordereingang des Hauses zuging, warf ich einen Blick auf den Rasen und entdeckte überall das dornige Unkraut. Ich ärgerte mich so sehr darüber, dass ich beschloss, meine über zehnjährige Pause vom Unkrautjäten zu unterbrechen. Obwohl ich einen Anzug trug, weil ich gerade aus der Arbeit gekommen war, bückte ich mich hinunter und zog eine Unkrautpflanze heraus. Zu meiner Überraschung war es ziemlich befriedigend. Daher zog ich eine weitere Pflanze heraus und dann noch eine.

Als ich nach etwa der sechsten Pflanze meinen Blick über den Rasen schweifen ließ, hatte ich allerdings das Gefühl, eine schier endlose Aufgabe vor mir zu haben. Das dornige Unkraut war überall! Überdies schwand das Gefühl der Befriedigung rasch, nachdem ich die ersten Unkräuter herausgezogen hatte, da ich zu schwitzen begann und die Insekten mich immer häufiger stachen. Ich erhob mich und beschloss aufzuhören. Ich würde jemanden damit beauftragen, sich um das Unkraut zu kümmern.

Während ich jedoch zum Eingang ging, brachte mich das Unkraut irgendwie so auf die Palme, dass ich mich drinnen umzog, mir in Shorts und T-Shirt einen Gartensack schnappte und wieder hinausging, um das Unkraut in Angriff zu nehmen.

Zu meiner großen Überraschung bescherte mir dies einige fantastische Erkenntnisse über das Leben.

Die erste Erkenntnis war, dass der Rasen eines Menschen in vielerlei Hinsicht seinem Leben ähnelt.

WENN WIR NICHT SORGFÄLTIG AUSWÄHLEN,
WELCHEN PERSONEN WIR DEN ZUTRITT ZU
UNSEREM RASEN GEWÄHREN,
HINTERLASSEN MANCHE IHRE EIGENEN
»DORNIGEN UNKRÄUTER«,
MIT DENEN WIR UNS DANN
AUSEINANDERSETZEN MÜSSEN.

Genau das war bei mir passiert.
Der Rasenpfleger, den ich so preiswert engagiert hatte, betreute noch viele weitere Kunden. Da er sehr kostengünstig Rasen mähte, war vielen seiner Kunden egal, was auf ihrem Rasen wuchs. Sie wollten lediglich, dass alles gemäht wurde. Der Mann mähte also den Rasen anderer Kunden, und dabei blieb eine ganze Menge dorniger Samenballen in seinem Rasenmäher hängen. Dann kam er zu mir, und während er mähte, fielen die Samen allesamt auf meinen Rasen. Schon bald war das Problem der anderen Kunden auch zu meinem Problem geworden.
Im Leben läuft es häufig erstaunlich ähnlich. Wie ich in Gesprächen mit Menschen, die viel Stress haben, feststellen konnte, besteht eins ihrer größten Probleme darin, dass andere Leute »Unkraut« in ihr Leben einschleppen. Daher müssen diese gestressten Menschen nicht nur mit ihren eigenen Belangen fertigwerden, sondern sich auch mit all den Problemen auseinandersetzen, die andere Leute bei ihnen abladen.

Während ich so dasaß und meinen Rasen bearbeitete, wurde mir klar, dass ich selbst die Verantwortung für das, was geschehen war, übernehmen musste. Wenngleich ich natürlich nicht damit gerechnet hatte, dass mein Rasenpfleger die Probleme anderer Leute auf meinen Rasen übertragen würde, hatte ich ihn tatsächlich nicht dazu aufgefordert zu gehen, als ich bemerkte, dass etwas schieflief. Ich hatte letztlich zugelassen, dass es so weiterging.

Als ich – frustriert darüber, dass ich nicht früher reagiert hatte – so dasaß, stieg in mir ein Gefühl der Empörung auf. »Ab jetzt werde ich mich selbst um alles kümmern«, dachte ich. »So werde ich das Problem in den Griff bekommen.«

Zum Glück verabschiedete ich mich schon bald wieder von diesem Gedanken. Er war, das wurde mir bewusst, aufgrund meiner Wut entstanden und basierte nicht auf rationalem Denken. Schließlich war der vorherige Rasenpfleger super gewesen. Er hatte seinen Teil unserer Vereinbarung erfüllt und mir keine Probleme bereitet. Häufig hatte er sogar Probleme für mich gelöst, bevor ich sie überhaupt als solche wahrgenommen hatte.

Daher war es keine Lösung, mich abzukapseln. Besser war es, bei der Entscheidung, wer sich um den Rasen kümmern sollte, genauer auszuwählen.

Angesichts dieser interessanten Gedanken und Erkenntnisse vergaß ich für eine kurze Zeit fast, dass ich gerade beim Unkrautjäten war. Allerdings setzte mir die Hitze schon kurz darauf zu. Der Schweiß tropfte mir von der Nase und die Insekten schwirrten um mich herum. Ich sah mir an, was ich bisher geschafft hatte, und kam zu der traurigen Erkenntnis, dass das dornige Unkraut immer noch *überall* war.

In diesem Moment dachte ich ernsthaft darüber nach, wieder nach drinnen zu gehen, zu duschen und das Unkraut einfach weiterwachsen zu lassen, bis ich eine fähige Person gefunden haben würde, die sich darum kümmern konnte. Doch dann erinnerte ich mich daran, dass nur wenige Monate zuvor fast kein Unkraut existiert hatte. Das vorhandene hatte sich ausgebreitet, weil ich mich nicht gleich darum gekümmert hatte, als mir die ersten Pflanzen aufgefallen waren.

Diese Überlegung ließ mich eine weitere verblüffende Parallele zum Leben erkennen:

EGAL WOHER
UNSER »DORNIGES UNKRAUT« STAMMT,
WENN WIR UNS NICHT GLEICH
UM DAS PROBLEM KÜMMERN,
WIRD ES IMMER GRÖßER.
SCHON BALD VERDRÄNGT ES
DIE GUTEN DINGE IN UNSEREM LEBEN.
GENAUSO WIE DAS UNKRAUT
DAS GESUNDE GRAS
IN MEINEM RASEN VERDRÄNGTE.

Vielleicht fühlt es sich anfangs besser an, Probleme im Leben zu ignorieren und zu hoffen, dass sie wieder verschwinden werden, aber letztlich weiten sich die kleinen Probleme zu großen Problemen aus. Daraufhin streuen diese großen Probleme ihre Samen aus, und schon bald ist aus dem einen kleinen Problem ein ganzer Wald aus Problemen herangewachsen. Diese werden immer größer und machen die guten Dinge mehr und mehr zunichte.
All das wurde mir klar, während ich meinen Garten betrachtete. Deshalb hätte ich eigentlich gerne den Rest des Unkrauts beseitigt. Aber mir war heiß, ich fühlte mich erschöpft und das Ganze war mir einfach zu viel. Deshalb beschloss ich, meine Strategie etwas zu verändern.
Beruflich wie privat bin ich ziemlich viel unterwegs. Also nahm ich mir vor, jedes Mal, wenn ich aus dem Auto aussteigen und den Weg zur Eingangstür entlanggehen würde, fünf Unkrautpflanzen herauszuziehen.
Meiner Berechnung zufolge würden so täglich etwa 25 Unkrautpflanzen herausgerupft werden. Es würde das Problem, das ich zugelassen hatte, zwar nicht vollständig beseitigen, aber zumindest wäre es ein Fortschritt. Allein an diesem Tag fuhr ich noch drei Mal von zu Hause weg und immer, wenn ich zurückkam, riss ich fünf Pflanzen aus.

Es fiel mir leicht. Für fünf Pflanzen brauchte ich nicht länger als eine Minute. Und in Wirklichkeit rupfte ich mindestens zehn heraus, weil es so mühelos war. Außerdem beschloss ich, das Unkraut jeweils in einem bestimmten Bereich zu jäten, damit ich den Fortschritt meiner Arbeit sehen konnte. Das erwies sich als gute Strategie.

Am Ende des dritten Tages kam ich von einem Basketballspiel zurück und blieb auf dem Fußpfad stehen, um meine fünf Pflanzen auszurupfen. Als ich den Bereich betrachtete, mit dem ich erst vor ein paar Tagen begonnen hatte, stellte ich fest, dass bereits ein Viertel des gesamten Rasens unkrautfrei war.

Die Rasenfläche ist nicht riesig, natürlich hatte ich keine zwei Hektar oder etwas in dieser Größenordnung vom Unkraut befreit. Dennoch schien mir diese Aufgabe noch vor ein paar Tagen fast nicht zu bewältigen. Jetzt war bereits ein Viertel geschafft, und ich hatte es nicht einmal als Arbeit empfunden.

Das erwies sich als weitere Offenbarung:

GROẞE AUFGABEN SIND LEDIGLICH
EINE ANSAMMLUNG
VON KLEINEN AUFGABEN.

Um mit einer großen und scheinbar unmöglichen Aufgabe besser fertigzuwerden, musste ich sie daher lediglich in kleine, leicht umsetzbare und gut bewältigbare Einheiten unterteilen.

Diese Erkenntnis spielt nicht nur bei der Unkrautbekämpfung eine Rolle, das war mir bewusst. Wir können sie auch in vielen anderen Bereichen für uns nutzen. Es hat viele Zeiten in meinem Leben gegeben, in denen ich scheinbar unüberwindbaren Hindernissen gegenüberstand. So gab es zum Beispiel ein paar Situationen in der Schule und im Berufsleben, in denen ich angesichts dessen, was ich in einer nur begrenzt zur Verfügung stehenden Zeit bewältigen sollte, all meine Kraft aufbringen musste, um eine Panikattacke zu vermeiden.

Meine Bauchmuskeln verkrampften sich, mein Puls raste und ein überbordendes Gefühl des Grauens machte sich in meinem Körper breit. Es waren schreckliche Momente in meinem Leben. Ich wünschte, mir wäre in diesen Situationen bereits klar gewesen, dass man Aufgaben in möglichst kleine Einheiten unterteilen sollte, die man dann nacheinander in Angriff nimmt.

Denn schließlich wirkt es wie eine riesige Aufgabe, das gesamte Unkraut aus einem Rasen zu entfernen, der voll davon ist. Nur eine Unkrautpflanze auszurupfen ist jedoch kein Problem. Da es unmöglich ist, das gesamte Unkraut auf einmal zu jäten, besteht die Aufgabe tatsächlich darin, jeweils nur eine Pflanze herauszuziehen und den Prozess dann zu wiederholen.

Letztlich muss ich wohl genau so mit den Aufgaben umgegangen sein, die mich an den Rand einer Panikattacke gebracht haben. Sonst hätte ich sie nicht bewältigen können. Allerdings erkannte ich damals noch nicht, dass ich eine wiederholbare Erfolgsformel anwendete, die sich auch bei jeder anderen Aufgabe nutzen ließ.

Während ich meinen Rasen betrachtete, der zu 75 Prozent voller Unkraut und zu 25 Prozent unkrautfrei war, wurde mir Folgendes bewusst: Ich hatte mir selbst bewiesen, dass ich die Arbeit schaffen konnte. Da ich Schritt für Schritt vorgegangen war und mir selbst nicht zu viel aufgebürdet hatte, war ich mittlerweile viel hoffnungsvoller, mein Ziel zu erreichen.

Angesichts dieser neu gewonnenen Zuversicht wollte ich noch etwas Weiteres ausprobieren. Ich beschloss, nicht mehr nach fünf Pflanzen mit dem Unkrautjäten aufzuhören, sondern erst, wenn ich genug hatte.

Das Ergebnis war sehr interessant. Gerüstet mit meiner neuen Zuversicht, das große Ziel eines unkrautfreien Rasens zu erreichen, sowie einem bewährten Prozess, begann ich, wie verrückt Unkraut zu jäten.

Ich zupfte das Unkraut viel schneller aus als am Tag zuvor und machte großartige Fortschritte. Da ich mir sicher war, das größere Ziel schaffen zu können, unterschied sich auch meine gesamte Einstellung zu dem Prozess von meiner Haltung am ersten Tag. Mit jeder Unkrautpflanze, die ich herausrupfte, stellte sich ein ungeheuer befriedigendes Gefühl ein, etwas vollbracht zu haben. Ich war dem Ziel einen Schritt nähergekommen. Und ich war meinem persönlichen Triumph einen Schritt nähergekommen.

Eine Stunde und zwanzig Minuten später hatte ich den gesamten Rasen gejätet.

Die größere Lebensbotschaft dieser Erfahrung hatte ich ebenfalls verstanden.

HÄUFIG STEHEN WIR UNS SELBST AM MEISTEN IM WEG.

Unsere Selbstzweifel, unsere mangelnde Erfahrung, ein fehlender bewährter Prozess oder eine Kombination all dieser drei Aspekte enthalten uns oft das Leben vor, das wir uns wünschen.

Wir hinterfragen unser Verhalten, wir hegen Zweifel angesichts der Zukunft, wir argumentieren innerlich hin und her, ob wir erfolgreich sein können oder nicht. Aber so muss es nicht laufen.

Sobald wir ein Verfahren erprobt und mithilfe dieses Prozesses Erfolg haben, zweifeln wir nicht länger daran, ob wir etwas erreichen können, sondern wir wissen, dass wir es können.

ERFOLG FÜHRT
ZU WEITEREM ERFOLG.
WIR SELBST WERDEN
UNSER GRÖẞTER VERBÜNDETER.

Als ich meinen Rasen betrachtete, meinen Rücken dehnte und die letzten Pflanzen auszupfte, die ich übersehen hatte, fühlte sich das gut an, das muss ich schon sagen. Eigentlich fühlte es sich besser als nur gut an. Es fühlte sich großartig an! Während ich mich umsah, wurde mir bewusst, dass meine Zufriedenheit nicht in erster Linie daher rührte, dass ich das Unkraut besiegt hatte. Obwohl auch das natürlich eine Rolle spielte. Vor allem empfand ich eine tiefe Befriedigung, weil ich mir ein Ziel gesetzt und es erreicht hatte.

Und damit kommen wir zu meiner letzten Erkenntnis:

ES VERLEIHT UNS EIN GUTES GEFÜHL, EINE NEUE HERAUSFORDERUNG ANZUNEHMEN UND SIE ZU MEISTERN.

Wenn wir allerdings nicht gut aufpassen, reiht sich im Leben eine Aufgabe, die wir nicht selbst gewählt haben, an die andere. Verschiedene Menschen laden sie einfach bei uns ab, und das belastet uns und laugt uns aus.

Befreien wir uns jedoch von dem »dornigen Unkraut« anderer Leute, haben wir die Möglichkeit, unsere Herausforderungen selbst zu wählen. Herausforderungen, die wir begeistert annehmen. Die unsere persönliche Entwicklung fördern und unser Potenzial positiv erweitern. Die uns die Chance bieten, unsere einzigartige Begabung auf beispiellose Weise einzusetzen.

SOLCHE HERAUSFORDERUNGEN
LASSEN UNS ZU HELDEN
UNSERER EIGENEN
GROßARTIGEN GESCHICHTE WERDEN.

Ich habe gelernt, dass die Natur in der Lage ist, Dinge auszugleichen.
Der Wind weht nie ein ganzes Jahr lang ausschließlich in eine Richtung. Ständig wechseln sich Ebbe und Flut ab. Die Sonne geht auf und bringt das Licht mit, nur, um danach wieder unterzugehen, sodass das Licht durch die Dunkelheit ersetzt wird.

Daraus habe ich gelernt, die Dinge nach Möglichkeit aus einer größeren Perspektive zu betrachten. Wenn ich mich ständig darauf konzentriere, was ich nicht habe und was ich nicht kann, nehme ich die Dinge, die ich habe und die ich tun kann, nicht wahr.

Die Tatsache, dass ich in einem bestimmten Bereich des Lebens vielleicht nicht talentiert bin, wird häufig durch eine andere Fähigkeit wettgemacht, etwas, das mir leichtfällt. Hier wirkt das ausgleichende Prinzip der Natur.

Ich habe gelernt, dass eine der großen Chancen des Lebens darin liegt, meine einzigartige Begabung zu entdecken und mich darauf zu konzentrieren. Wenn ich meine Energie, meine Zeit und andere Ressourcen darauf ausrichte, stelle ich eine Verbindung zur Kraft der Natur her, anstatt sie zu ignorieren oder dagegen anzukämpfen.

Ich habe Folgendes gelernt: Wenn ich in einer klaren dunklen Nacht draußen stehe und zu den Sternen schaue, kann ich die Dinge besser ins rechte Verhältnis setzen.

Ich habe gelernt, dass meine Kreativität aufblüht, wenn ich mich in der Natur aufhalte. Egal ob ich zwischen Gezeitentümpeln umherlaufe, im Wald spazieren gehe oder mit dem Kajak auf einem wunderschönen Fluss unterwegs bin: diese Umgebungen öffnen mir eine Tür zu unendlichen Möglichkeiten.

Die Lösungen für die schwierigsten Probleme in meinem Leben, die besten Ideen für Geschichten und Erfindungen, meine pragmatischsten Lösungen, wenn ich anderen helfe … auf all das komme ich viel müheloser, wenn ich in der Natur bin.

Wie bei so vielen anderen Dingen im Leben kann ich nicht genau erklären, warum das so ist. Aber es ist wirklich so, daher nehme ich diesen Umstand zur Kenntnis und nutze ihn, damit ich die beste Version meiner selbst sein kann.

PERSÖNLICHES

WIR SIND VON

GESCHICHTEN UMGEBEN.

Ich habe gelernt, wie wichtig es ist, welches Narrativ wir uns selbst erzählen.
Wir sind von Geschichten umgeben. Etwa von Geschichten der Unterhaltungsindustrie, die mit einem großen Budget produziert werden, und wo es um Hunderte von Millionen geht, wie zum Beispiel Hollywood-Filme. Oder von Geschichten der Nachrichtensender, die mit kleinem Budget die Nachrichten des Tages aufbereiten. Sowie von einem kunterbunten Feuerwerk auf YouTube, wo so gut wie jedes erdenkliche Thema behandelt wird.
Zudem gibt es Zeitschriften, Bücher, Zeitungen, Blogs, Online-Artikel … Sie alle erzählen ebenfalls Geschichten. Darüber, was wichtig ist, was gut aussieht, was lustig ist, was in Beziehungen akzeptabel ist, was Erfolg bedeutet …
Dann gibt es da noch die Geschichten, die wir von den Menschen in unserem Umfeld hören. Die Perspektive einer Kollegin auf den Zustand der Wirtschaft, die Ansichten des besten Freundes zum Thema Beziehungen, die Meinung unserer Eltern angesichts der Frage, welche Risiken man im Leben eingeht, die Einschätzung eines Lehrers hinsichtlich unserer persönlichen Fähigkeiten.
Einen gewissen Prozentsatz all der Geschichten, die uns begegnen, erachten wir als wahr. Andere überzeugen uns nur teilweise, und manche glauben wir überhaupt nicht.
Insgesamt entsteht aus diesen Geschichten und unserer Wahrnehmung davon unsere Sicht auf uns selbst, auf die Welt sowie darauf, welche Position wir innerhalb des Ganzen haben.

Schließlich erzählen wir uns selbst in jedem Moment, an jedem Tag Teile der Geschichte. Wer wir sind. Wozu wir in der Lage sind. Was der Sinn unseres Lebens ist. Die Geschichte, die wir uns selbst erzählen, wird zu unserer Wahrheit. Wenn wir uns sagen, dass wir Abenteurer sind, dann finden wir es vollkommen normal, draußen in der Welt Abenteuer zu erleben. Dagegen fühlen wir uns nicht wohl damit, auf eine Weise zu leben, die zu alltäglich ist.

Wenn wir in unserer Geschichte Erfolg im Leben daran bemessen, wie gut wir gegenüber anderen Menschen abschneiden, werden wir unser Leben stets mit dem anderer vergleichen und es auf dieser Basis bewerten.

Wenn unsere Helden Menschen sind, deren Leben voller Dramatik ist, lassen auch wir eine gewisse Dramatik in unserem Leben entstehen oder gehen Beziehungen ein, die dramatische Elemente mit sich bringen, damit wir uns ebenfalls als Helden fühlen können.

Das Narrativ, das wir uns selbst erzählen, ist veränderbar. Es kann jeden erdenklichen Inhalt haben. Zudem können wir es durch all die anderen Geschichten, die wir in unserem Leben zulassen, fördern oder untergraben.

Wie auch immer unser Narrativ aussehen mag, es gestaltet das Leben, das wir führen, und von ihm hängt es auch ab, zu welchem Menschen wir uns letztlich entwickeln.

Ich habe gelernt, dass es weitaus besser ist, eine Frage zu stellen, wenn wir etwas nicht wissen, als stumm dazusitzen, weil wir Angst haben, dumm oder unwürdig zu erscheinen. Das ist eine wichtige Erkenntnis. Früher hatte ich große Angst davor, es anderen offen zu zeigen, wenn ich etwas nicht wusste oder bestimmte Dinge nicht verstand. Es spiegelte meine eigene Unsicherheit wider. Ich befürchtete, die Menschen würden denken, ich sei weltfremd und gehöre nicht dazu.

Außerdem hatte ich Angst, dass sie mich für dumm halten würden, wenn ich ihnen gestand, etwas nicht verstanden zu haben und sie es mir daraufhin erklärten – ich es aber immer noch nicht begriff.

Also tat ich so, als verstünde ich alles. Wenn jemand sprach, hörte ich zu und hoffte, dass ich es irgendwann begreifen würde. Oder dass ich mich zumindest unauffällig aus dem Raum entfernen könnte.
Dadurch habe ich so viel verpasst.
Ich habe gelernt, dass es sich lohnt zu riskieren, sich vor jemand anderem eine Blöße zu geben. Erstens weiß niemand alles. Zweitens hat jeder Experte am Anfang nichts über den Bereich gewusst, in dem er zum Experten wurde. Und schließlich: Wenn jemand mir etwas erklärt und ich es trotzdem nicht verstehe, erklärt er es entweder nicht gut oder er tut es auf eine Weise, die mein Geist nicht verstehen kann. Im ersten Fall muss ich lediglich jemanden finden, der es besser erklären kann. Im zweiten Fall brauche ich jemanden, der es so erklären kann, dass mein Geist es am besten begreift.

Nicht jeder Geist funktioniert auf die gleiche Weise. Ich lerne effektiver, wenn ich mir ein Video ansehe oder wenn jemand mir etwas praktisch demonstriert. Wenn ich eine Gebrauchsanleitung lese oder jemand mir verbal erklärt, was ich tun soll, klingelt es bei mir einfach nicht. Mein Geist ist nun mal so gestrickt. Der Geist vieler anderer Menschen funktioniert vollkommen anders.

Wenn wir versuchen, uns im Leben durchzuschummeln, besteht eins der größten Probleme darin, dass wir letztlich nichts dazulernen. Was ein großer Verlust ist. Denn wenn wir Fragen stellen und etwas lernen, sodass wir es schließlich *wissen*, steht uns dieses Wissen für den Rest unseres Lebens zur Verfügung. Es ist wie ein Geschenk, das wir für immer behalten dürfen. Ein Geschenk, das uns zuversichtlicher und selbstbewusster macht und uns mit Sicherheit mehr dazu befähigt, unsere Träume zu verwirklichen.

ETWAS NICHT ZU WISSEN,
IST KEIN PROBLEM.
ES IST EIN VORÜBERGEHENDER
ZUSTAND.
SOLANGE WIR IN DIESEM ZUSTAND
NICHT STECKEN BLEIBEN.

Ich habe gelernt, dass es besser ist, etwas zu essen, wenn ich Hunger habe, als zu einer bestimmten festgelegten Tageszeit. Es geht mir gut, wenn ich auf meinen Körper höre. Und an manchen Tagen bedeutet dies, dass er bis zehn Uhr morgens nichts zum Essen braucht. An anderen Tagen ist er dagegen bereits um acht Uhr hungrig. Wenn ich auf meinen Körper höre, anstatt aus Gewohnheit zu essen, geht es mir bedeutend besser.
Ich habe auch gelernt, dass ich beim Essen eigentlich schon satt bin, bevor mein Bauch es bemerkt, und zwar etwa zehn Bissen vorher. Über den Punkt hinaus weiterzuessen, an dem ich satt bin, entspricht nicht dem primären Sinn des Essens, der darin besteht, meine Zellen zu ernähren und mich mit Energie zu versorgen.
Wenn ich darüber nachdenke, warum ich weiteresse, obwohl ich bereits voll bin, oder warum ich das Gefühl habe, morgens sofort frühstücken zu müssen, wird mir klar, dass es etwas mit meinen Vorstellungen zu tun hat. Dabei handelt es sich um Dinge wie: »Nahrung ist knapp, iss also so viel wie möglich, wenn etwas zum Essen da ist.« Oder: »Wenn ich ein braver Junge sein will, muss ich alles auf meinem Teller aufessen.« Wenn ich mich jedoch frage, ob Überzeugungen wie diese im aktuellen Moment meines Lebens richtig für mich sind, stelle ich häufig fest, dass es nicht der Fall ist.
Was ist dann richtig?
Mit dieser Offenheit und Neugier kann ich eine wunderbar gesunde Haltung zum Essen entwickeln.

Ich habe gelernt, dass die Zeit nicht linear verläuft. Ein einwöchiger Urlaub veranschaulicht das perfekt.

Denken Sie an den ersten Tag, an dem Sie an Ihrem Urlaubsziel ankommen. Sie richten sich in Ihrer Unterkunft ein, erkunden ein bisschen die Gegend, schnappen sich ein Buch und lesen eine Weile … Es ist fantastisch. Sie haben eine ganze Woche vor sich!

Der zweite Tag fühlt sich ebenfalls wunderbar an. Vielleicht machen Sie einen Fahrradausflug oder eine Wanderung, besuchen ein Museum, essen zu Mittag in einem Café … Sie leben im Moment und sind gleichzeitig gespannt auf all die tollen Dinge, die Sie geplant haben. »Eine ganze Woche Urlaub!«, denken Sie immer wieder. »So viel Zeit, um alles zu genießen.«

Etwa am vierten Tag verändert sich das Gefühl allerdings etwas. Die Zeit, die zunächst so wunderbar langsam verstrich, vergeht nun schneller. »Die Hälfte ist vorbei!«, denken Sie schockiert, als Sie sich bewusst machen, welcher Tag ist. »Ich bin doch gerade erst angekommen.«

Am Ende des fünften Tages verfliegt die Zeit förmlich. »Nur noch ein voller Urlaubstag, dann muss ich schon wieder abreisen! Wie kann das sein?«, fragen Sie sich. Sie versuchen nun hektisch, noch alles zu schaffen, was Sie sich vorgenommen hatten, bevor die Zeit vorbei ist.

Diese Erfahrung lässt sich auf das Leben insgesamt übertragen. Wenn wir sehr jung sind, haben wir das Gefühl, so viel Zeit zu haben, dass wir nicht einmal darüber nachdenken.

Wenn wir etwas älter werden, wünschen wir uns häufig, wir könnten bestimmte Dinge beschleunigen. Wir wünschten, der Schultag wäre eher vorbei und die Sommerferien wären schneller da. Wir können Weihnachten gar nicht erwarten. Wir haben so viel Zeit, dass wir manche Phasen am liebsten überspringen würden.

Aber an irgendeinem Punkt verändert sich dieses Gefühl. Vielleicht haben Sie ein zwölfjähriges Kind und Ihnen wird plötzlich bewusst, dass es womöglich in nur sechs Jahren ausziehen wird. Oder Sie treiben Sport und Ihnen wird allmählich klar, dass Sie nur noch für ein paar Saisonrunden auf einem hohen Niveau spielen werden. Oder Sie setzen sich zum Mittagessen an einen Tisch im Restaurant und bemerken zum ersten Mal, dass die Schrift auf der Speisekarte verschwommen wirkt, wenn Sie diese nicht weit genug entfernt halten.

Diese Momente sowie tausend andere sorgen dafür, dass die Zeit stetig schneller vergeht. Sie erinnern uns immer wieder daran, dass die Zeit nicht linear verläuft.

Ich habe gelernt, dass ich nicht für alles eine Lösung habe, dass ich nicht für alles eine Lösung haben muss und dass niemand für alles eine Lösung hat.
Ich habe überdies Folgendes gelernt: Nicht auf alles eine Antwort oder für alles eine Lösung parat zu haben, ist kein Grund, sich schlecht zu fühlen oder Zweifel an unserem Status in der Welt oder unserem Platz in der Gesellschaft zu haben.

ICH HABE GELERNT,
DASS EINE GEWISSE SKEPSIS
BEI MENSCHEN ANGEBRACHT IST,
DIE BEHAUPTEN,
FÜR ALLES EINE LÖSUNG ZU HABEN.

Ich habe gelernt, dass es zu den großartigen Dingen des Lebens gehört, Antworten und Lösungen zu finden. Das bezieht sich sowohl darauf, was wir tatsächlich lernen, als auch auf die Dinge, die wir während dieses Prozesses über uns selbst erfahren.
Ich habe gelernt, dass Lösungen nur äußerst selten gleichermaßen auf alle übertragen werden können.

Ich weiß mittlerweile, dass ich an fünf Tagen der Woche Pizza essen könnte und vollkommen glücklich damit wäre.

Ich weiß mittlerweile, dass Green Drinks das Allerbeste überhaupt sind – gleich nach Pizza.

Ich weiß mittlerweile, dass ich wahrlich im Nirwana bin, wenn ich Pizza esse und dazu einen Green Drink genieße.

Ich habe gelernt, dass unser Körper sich verändert, wenn wir älter werden. So sehnen wir uns in verschiedenen Lebensphasen nach unterschiedlichen Dingen. Zu lernen, auf unseren Körper zu hören, und zu erkennen, was wir brauchen, ist Teil des großen Lebensabenteuers.

Vielleicht sollten wir bestimmte Lebensmittel zu uns nehmen und andere weglassen. Vielleicht sollten wir neue Aktivitäten beginnen und mit anderen aufhören.

Wenn wir eine Verbindung zu unserem inneren Navigationssystem herstellen und seinem weisen Rat folgen, nutzen wir eine unglaubliche Kraft. Wir reagieren nicht länger lediglich auf die Anweisungen anderer oder auf kulturelle Gepflogenheiten. Stattdessen geben wir uns selbst die Chance, das zu tun, was für uns als Individuum am wichtigsten, positivsten und hilfreichsten ist.

Gewisse Veränderungen sind erforderlich, um zu einer solchen inneren Verbindung zu finden, aber es sind Veränderungen zum Positiven, die zu den besten Dingen gehören, die wir je für uns selbst tun können.

Ich habe gelernt, dass meine Lust auf etwas Süßes mit etwa einer halben Portion von der Nachspeise gestillt werden kann, die eine Bedienung mir an den Tisch bringt. Ich habe auch Folgendes gelernt: Wenn ich bereit bin, mich selbst zu fragen, warum ich mich dazu angehalten fühle, den Rest aufzuessen, obwohl meine Lust bereits befriedigt ist, und wenn ich dann bereit bin, meine Frage mit schonungsloser Ehrlichkeit zu beantworten – habe ich in dem Moment einen riesigen Schritt in Richtung eines langen und gesunden Lebens gemacht.

Ich habe gelernt, dass wir nicht dafür gemacht sind, permanent im Stress zu sein.
Eine befreundete Ärztin erklärte mir vor Kurzem, dass unser Körper Cortisol ausschüttet, wenn er großem Stress ausgesetzt ist. Cortisol ist an sich ein sehr nützlicher Wirkstoff, der uns helfen soll, Momente großer Intensität zu überleben. Er unterstützt uns dabei zu kämpfen oder zu flüchten, damit wir einer stressigen Situation entkommen können, wie immer sie auch geartet sein mag.
Allerdings muss unser Körper andere Ressourcen – wie etwa die Aktivität des Immunsystems – anpassen, um die Cortisolausschüttung auszugleichen. Es geht allein darum, angesichts der größeren Bedrohung Prioritäten zu setzen. Was kümmert uns schon die Bekämpfung eines Bakteriums, wenn ein Säbelzahntiger uns gerade auffressen will?
Problematisch wird dies allerdings, wenn wir zulassen, dass wir ständig unter großem Stress stehen. Unsere natürliche Immunabwehr funktioniert dann nicht mehr richtig. Infolgedessen wird unser Körper nicht mehr – so wie er es im Normalzustand könnte – mit mikroskopisch kleinen Bedrohungen fertig.
Diese wichtige Erkenntnis zeigt uns, warum die Entspannungsmomente im Leben eine so große Bedeutung haben. Ohne Entspannung befinden wir uns in einem Zustand des Unwohlseins, der langfristig zu Krankheiten führen kann.
Die Stressreduktion ist daher nicht nur eine »gute Idee«. Für unsere Gesundheit und unser Überleben ist sie vielmehr von entscheidender Bedeutung.

Mir ist Folgendes klar geworden: Obwohl ich das Leben in einer Stadt für ein paar Tage genießen kann, bin ich kein Stadtmensch. Ich habe auch erkannt, dass einer meiner besten Freunde es ein paar Tage genießen kann, sich in der Natur aufzuhalten, aber er ist kein Naturtyp.

Ich habe gelernt, dass es zu den großen persönlichen Siegen im Leben gehört, uns selbst gegenüber ehrlich zu sein – in Bezug darauf, wer wir sind, was uns gefällt und wo wir gerne sein möchten. Nicht etwa, weil wir nichts anderes ausprobiert hätten oder nicht an unsere persönlichen Grenzen gegangen wären. Sondern weil wir genau das getan haben und bei diesem Prozess erkannt haben, was für uns wirklich stimmig ist. Und weil wir es daraufhin aus ganzem Herzen akzeptiert haben.

Ich habe erkannt, dass es hilfreich ist, Gespräche mit mir selbst zu führen. Manchmal spreche ich mit einer weiseren Version von mir. In diesen Momenten spiele ich gleichzeitig einen Beobachter sowie einen Teilnehmer meines Lebens. Es ist, als stünde ein Berater direkt neben mir. Jemand, der meine Situation betrachtet und mir eine Perspektive aus einer größeren Distanz vermitteln kann, ohne all die Verstrickungen und Emotionen, die ich möglicherweise empfinde.
Zu anderen Zeiten ist es für mich unglaublich wertvoll, mich mit älteren oder jüngeren Versionen von mir selbst zu unterhalten.

Wenn ich mich zum Beispiel gestresst fühle, ist es hilfreich, mich zu fragen: »Was würde der siebzigjährige John mir jetzt raten?« Kurioserweise ist es eine sehr effektive Methode. Sobald ich die Frage stelle, hat mein Geist schon eine Antwort parat. Und es scheint so, als stamme die Aussage voller Lebensklugheit tatsächlich von einem viel älteren und weiseren Wesen.

Es ist ebenfalls sehr wirkungsvoll, mit einer jüngeren Version von mir selbst zu sprechen. Das mache ich in der Regel, wenn es mir nicht gelingt, genügend Wertschätzung und Dankbarkeit zu empfinden. Meine Jugend war in vielerlei Hinsicht schwierig; sowohl finanziell gesehen als auch in Bezug darauf, was ich mir selbst zutraute oder was meine Vorstellung darüber betraf, wie das Leben funktioniert. Wenn ich also in Selbstmitleid versinke, weil irgendetwas nicht so läuft, wie ich es gerne hätte, weist der Achtzehnjährige mich schnell darauf hin, wie glücklich ich mich an diesem Punkt meines Lebens schätzen kann. Er rückt die Dinge auf eine erstaunlich direkte und effektive Weise ins rechte Licht.

Ich kann nicht behaupten, vollkommen zu verstehen, wie diese Gespräche mit den anderen Versionen von mir funktionieren. Vielleicht habe ich dabei lediglich einen Zugang zu Informationen, die bereits in meinem Unterbewusstsein vorhanden sind. Vielleicht auch nicht. Wenn ich mit einer älteren Version von mir spreche, habe ich möglicherweise tatsächlich eine Verbindung zu einem Wissen, über das ich noch nicht verfüge, mir aber angeeignet haben werde, wenn ich das entsprechende Alter erreiche. Allerdings steht mir das Wissen irgendwie bereits jetzt durch den Frageprozess zur Verfügung.

Ich habe, ehrlich gesagt, erkannt, dass es in Ordnung ist, nicht genau zu wissen, wie es funktioniert. Schließlich kann ich auch nicht genau erklären, wie mein Auto funktioniert, aber trotzdem nutze ich es. Das Gleiche gilt für mein Handy, meinen Laptop und wahrscheinlich Hunderte andere Dinge. Es reicht zu wissen, dass sie funktionieren und einen großen Nutzen für mich haben, wenn ich sie auf eine bestimmte Weise verwende.

Bei dieser Methode ist es genauso. Und vor allem bietet sie einen unschätzbar wertvollen Nutzen.

Ich habe gelernt, dass es ratsam ist, authentisch zu sein. Ich habe auch gelernt, dass es ratsam ist zu hinterfragen, was das überhaupt bedeutet.

Wir alle haben gewisse Etiketten, mit denen wir uns entweder selbst versehen oder die andere uns anheften und die wir daraufhin akzeptieren. Er ist ein Naturbursche. Sie ist schüchtern. Sie ist sportlich. Er ist ein Nerd. Es gibt Hunderte von Etiketten.

Welche Etiketten gelten für Sie?

Vielleicht nehmen Sie sich ein paar Minuten Zeit und halten sie schriftlich am Rand dieser Seite fest. Welche Etiketten sind Ihrer Meinung nach bei Ihnen zu finden?

Nehmen Sie sich dann noch einmal etwas Zeit und kreisen Sie diejenigen ein, die Sie sich selbst anheften würden. Warum finden Sie diese Etiketten zutreffend oder akzeptabel? Und warum finden Sie diejenigen, die Sie nicht eingekreist haben, falsch oder inakzeptabel?

ES VERBLÜFFT MICH,
AUF WELCHE WEISE WIR ETIKETTEN
IM LAUFE UNSERES LEBENS AKZEPTIEREN
UND IHNEN DANN ENTSPRECHEN.
WENN SIE POSITIV SIND,
IST DAS GROẞARTIG.
ABER WAS IST,
WENN SIE UNS EINSCHRÄNKEN?

Wir haben das Potenzial zu sein, wer auch immer wir sein möchten. Ob wir dieses Potenzial verwirklichen oder nicht, hängt von den Etiketten ab, die wir uns selbst zuschreiben oder die wir uns von der Welt anheften lassen. Zudem hängt es davon ab, wie sehr wir sie verinnerlichen. Wenn jemand »unsportlich« ist und dann anfängt, jeden Tag Rad zu fahren oder zu joggen, dann *ist* er plötzlich sportlich.

Wenn Sie jemanden kennen, der behauptet, er sei »nicht selbstsicher«, fragen Sie ihn, ob er sich jeden Morgen die Zähne putzt. Denn falls es niemand für ihn macht, muss er eine ziemlich selbstsichere Person sein. Denken Sie einmal darüber nach. Es erfordert großes Zutrauen, die Zahncreme genau auf die Borsten der Zahnbürste aufzutragen. Ganz abgesehen von den feinmotorischen Fähigkeiten. Der sorgfältigen Detailarbeit. Der erforderlichen Fingerfertigkeit, um das insgesamt zu beherrschen. Niemand könnte all das ohne Selbstsicherheit schaffen.

Dann ist da noch das Putzen an sich. Damit das gelingt, muss man fest davon überzeugt sein, dass man weiß, was man tut. Es sind viele Zähne vorhanden. Es gibt unterschiedliche Seiten, oben und unten, vorne und hinten. Man muss vieles bewältigen, sich an eine ganze Menge erinnern, und jemand ohne Selbstsicherheit könnte das nicht.

Und dann ist da natürlich noch das Ausspucken. Stellen Sie sich vor, wie es aussehen würde, wenn jemand ohne Selbstsicherheit das versuchen würde. Dieser Mensch würde stundenlang dastehen, ohne zu wissen, wann genau der Zeitpunkt zum Ausspucken gekommen ist, und er würde bezweifeln, dass er exakt genug zielen kann, damit auch alles im Waschbecken landet.

Wenn jemand all diese Dinge beherrscht, muss er daher ein ziemlich selbstsicherer Zähneputzer sein. Es mag andere Aktivitäten, Situationen oder Verhaltensweisen geben, für die er sich mehr Selbstsicherheit oder eine größere Versiertheit wünschen würde. Wunderbar! Wie hat er jedoch gelernt, sich seine Zähne so gut zu putzen? Richtig! Wahrscheinlich hat es ihm jemand beigebracht. Demnach hat er in anderen Bereichen vermutlich lediglich eine Wissenslücke.

Aber es ist *nicht* so, dass er keine Selbstsicherheit hätte.

Wenn wir unsere Etiketten auf diese Weise hinterfragen, können wir die Welt aus einer vollkommen anderen Perspektive betrachten. Wir sind in der Lage, neu zu definieren, wer wir sind, und zwar so, dass es uns auf eine überaus positive Weise entspricht. Und mit dieser selbstgewählten Authentizität können wir tatsächlich das Leben führen, das wir uns wünschen – auf die Weise, wie wir es gerne möchten.

ICH HABE FOLGENDES GELERNT:
WENN ICH NICHT AUFPASSE,
KANN MEIN STOLZ
MICH DARAN HINDERN
VORWÄRTSZUKOMMEN.

ZU DEN WICHTIGSTEN MOMENTEN IM LEBEN GEHÖREN DIE ERSTEN FÜNF MINUTEN NACH DEM AUFWACHEN UND DIE LETZTEN FÜNF MINUTEN VOR DEM EINSCHLAFEN. DAS HABE ICH GELERNT.

Was in dieser Zeit geschieht, hat einen enormen Einfluss auf unsere restliche Existenz.
Diese Erkenntnis hatte ich ursprünglich vor ein paar Jahren, als ich mit dem Auto an einer Ampel wartete. Das ist zwar etwas kurios, aber dort kamen mir die ersten Gedanken dazu.
Ich stand mit meinem Auto an einer roten Ampel und mein Geist schweifte umher. Aus irgendeinem Grund blieb er bei einem Gespräch hängen, das nicht gut gelaufen war. Während ich so an der Ampel stand, spielte mein Geist das Gespräch erneut durch und versuchte, meine Rolle dabei zu verbessern. Er versuchte, meine Antworten zu verändern, andere Formulierungen zu wählen und mein Auftreten insgesamt zu optimieren. All das mit dem Ziel, ein Gespräch zu verbessern, das zwanzig Jahre zurücklag.

Irgendwann bemerkte ich, was mein Geist da tat. Er war nicht zum ersten Mal auf einen solchen Erinnerungspfad abgedriftet. Er hatte die Angewohnheit, Pausen wie diese dafür zu nutzen, sich in Situationen aus meiner Vergangenheit hineinzuversetzen, die nicht gut gelaufen waren.
Während ich so dasaß, erkannte ich dieses Mal jedoch, was für eine komplette Zeitverschwendung das war. Denn ich würde solche Gespräche nur dann jemals erneut führen, wenn ich eine Zeitmaschine erfand und mich in genau diese Momente zurückversetzte. Sollte ich allerdings eine Zeitmaschine erfinden, werde ich sie nicht dafür benutzen. Ich werde mir stattdessen etwas Fantastisches anschauen. Vielleicht ein paar Dinosaurier, die kosmische Geburt des Planeten, den Bau der Pyramiden …
Während ich weiterhin an der Ampel stand, fragte ich mich daher: »Wie könnte ich meinen Geist in Pausen wie diesen besser nutzen?« Und da kam mir eine Idee. Ich wollte mir ein Mantra überlegen. Einen Satz, der einen Bereich meines Lebens genau so beschrieb, wie ich es mir wünschte.
Also ließ ich mir ein Mantra einfallen. Da es relativ lang war und ich es gerade zum ersten Mal formuliert hatte, fiel es mir schwer, mich an den genauen Wortlaut zu erinnern. Daher schrieb ich es am Abend in einer vereinfachten Version auf, damit mein Geist es leichter hatte. Zudem veränderte ich das Mantra so, dass es beim Sprechen so klang, als hätte es sich bereits erfüllt.

Normalerweise würde ich Ihnen verraten, was ich mir ausgedacht hatte. Da Mantras in der Regel allerdings etwas sehr Persönliches sind, gebe ich Ihnen hier stattdessen ein anderes Beispiel. Meine erste Fassung lautete in etwa so: »Ich möchte ein Weltreisender sein, ein Leben voller Abenteuer führen und an viele großartige Ziele reisen.«
Nachdem ich das Mantra vereinfacht und die Worte so verändert hatte, dass es so klang, als sei die Aussage bereits wahr, lautete es: »Ich bin ein Weltreisender. Ich führe ein Leben voller Abenteuer.«
Nachdem ich mir mein neues Mantra eingeprägt und es als Sprachdatei in meinem Handy gespeichert hatte (für den Fall, dass ich mich zu einem späteren Zeitpunkt nicht daran erinnern konnte), war ich bereit, meine Ampelpausen besser zu nutzen. Zumindest dachte ich das. Als ich das nächste Mal mit dem Auto unterwegs war, fiel mir etwa bei der achten Ampel auf, dass sich meine Gedanken wieder um Erlebnisse aus der Vergangenheit drehten. Erst jetzt erinnerte ich mich daran, auf mein Mantra umzuschalten. Nachdem ich das getan hatte, wiederholte ich es ein paar Mal. Doch ehe ich mich's versah, hing mein Geist bereits wieder in Erinnerungen fest.

Als ich mich dabei ertappte, lenkte ich meine Aufmerksamkeit erneut auf das Mantra zurück, doch nicht einmal zwei Ampeln später war mein Geist schon wieder mit der Vergangenheit befasst. Das war frustrierend, aber jedes Mal, wenn ich es bemerkte, führte ich meinen Geist wieder auf das Mantra zurück. Im Laufe der Zeit ertappte ich ihn immer schneller, wenn er wieder abdriftete. Nach ein paar Monaten schließlich konzentrierte mein Geist sich augenblicklich auf mein Mantra und wiederholte es, wenn ich an einer Ampel stehen blieb. Was für ein Fortschritt!

Mittlerweile fragen Sie sich vielleicht, was all das mit den ersten und letzten fünf Minuten des Tages zu tun hat. Darum sollte es in diesem Abschnitt ja eigentlich gehen. Hier kommt nun die Überleitung dazu.

Was als Technik für Pausen an Ampeln begann, konnte ich auch an anderen Orten einsetzen. Zum Beispiel in der Schlange an der Supermarktkasse, beim Tanken, wenn ich auf einen Freund wartete … sobald ich eine kleine Auszeit hatte, wiederholte ich mein Mantra innerlich. Warum ich das tat? Weil mein Mantra sich erfüllte. Unerwartete Möglichkeiten tauchten auf einmal in meinem E-Mail-Posteingang auf, wichtige Informationen begegneten mir auf ungewöhnliche Weise in meinem Leben, und ich lernte Menschen kennen, die Dinge wussten oder Leute kannten, die etwas mit meinem Mantra zu tun hatten.

Es war seltsam. Sehr seltsam. Ich hatte definitiv keine Erklärung dafür, wie es funktionierte. Allerdings konnte ich im Grunde genommen auch bei vielen anderen Dingen nicht erklären, wie sie im täglichen Leben funktionierten, und nutzte sie trotzdem. Also konnte ich das Mantra genauso gut weiterhin verwenden.

Eines Abends hatte ich einmal Probleme mit dem Einschlafen. Zu diesem Zeitpunkt bestand mein Mantra mittlerweile aus fünf einzelnen Elementen. Es waren fünf kurze Sätze. Also begann ich, sie mir im Stillen vorzusagen. Ich wiederholte den ersten Satz fünf Mal. Dann wiederholte ich den zweiten fünf Mal. Daraufhin sagte ich mir den dritten vor ... Ich glaube, ich schaffte es nicht, den dritten Satz fünf Mal durchzugehen, ich schlief ein.

Als ich am nächsten Morgen aufwachte, dachte ich als Erstes an mein Mantra. Wahrscheinlich weil der Abend damit zu Ende gegangen war. Aus irgendeinem Grund ging ich die Sätze nacheinander durch, jeden fünf Mal.

Dies ist bereits seit ein paar Jahren morgens und abends zu einer täglichen Routine geworden. So wie an den Ampeln dauerte es eine Weile, meinen Geist daran zu gewöhnen. Doch mittlerweile läuft es automatisch ab.
Diese einfache Technik ist eine unglaubliche Methode, um einzuschlafen. Sie funktioniert immer. In der Regel schlafe ich bereits beim ersten Durchgang des Mantras ein, aber spätestens, wenn ich ihn wiederhole. Es ist auch eine großartige Methode, um meinen Schlaf positiv zu nutzen. Ich habe den Eindruck, als würde mein Geist all diese Stunden damit verbringen, nach Wegen zu suchen, um die Aussagen meines Mantras Realität werden zu lassen.
Überdies ist es eine fantastische Weise, um in den Tag zu starten. Sobald ich merke, dass ich wach bin, beginnt mein Geist mit dem Mantra. Manchmal schlafe ich dadurch noch einmal ein. Zu anderen Zeiten bleibe ich wach. So oder so kann ich meinen Tag dadurch auf eine Weise anfangen, die dem Leben entspricht, das ich mir wünsche.

Ich kann, wie gesagt, nicht genau erklären, wie es funktioniert. Es ist so, als würde auf irgendeine Weise ein riesiges Leuchtsignal in den Himmel gesendet. Man sendet dieses Signal und bekommt alle möglichen Antworten darauf zurück.

Vielleicht hat es auch nur etwas damit zu tun, worauf man sich ausrichtet. In etwa so, wie wenn man nach Hawaii in Urlaub fahren möchte und einem plötzlich alle möglichen Dinge auffallen, die etwas mit Hawaii zu tun haben. Sie waren bereits die ganze Zeit vorhanden, aber da man sich nun mit Hawaii befasst, bemerkt man sie eben.

Ich weiß nicht, warum es funktioniert. Aber ich weiß, dass es sehr gut funktioniert. Daher nutze ich diese Methode weiterhin.

ICH HABE GELERNT, DASS DIE GESUNDHEIT ZU DEN WICHTIGSTEN DINGEN IM LEBEN GEHÖRT.

Nur allzu leicht erachten wir sie als selbstverständlich. Doch wenn wir krank sind oder Schmerzen haben, wird sehr offensichtlich, welche Bedeutung unsere Gesundheit für unser ganzes Leben hat.

Schnell mal lassen wir unsere täglichen Stretching-Übungen oder den Spaziergang nach dem Abendessen ausfallen, weil etwas auf unserer To-do-Liste unsere Aufmerksamkeit erfordert. Das ist vor allem dann der Fall, wenn wir die Arbeit, mit der wir unseren Lebensunterhalt verdienen, gerne machen. Die Bedeutung dieser To-do-Liste reduziert sich allerdings erheblich, wenn wir nicht einmal mehr in der Lage sind aufzustehen. Oder wenn wir jedes Mal Schmerzen haben, sobald wir den Nacken oder Rücken bewegen. Es hilft uns, unsere Prioritäten richtig zu setzen, wenn wir uns überlegen, wie wichtig uns etwas ist und wie viel Zeit wir dieser Sache widmen wollen. Auf einer Skala von eins bis zehn bekommen zum Beispiel Dinge, die absolut essenziell für das Leben sind, das wir führen möchten, zehn Punkte. Dann ordnen wir all den Aktivitäten, die diese Woche in unserem Kalender stehen, ebenfalls einen Wert zu. Wenn der Aspekt Gesundheit zum Beispiel mit zehn Punkten bewertet wird, dann sollten die Dinge, mit denen wir täglich unsere Zeit verbringen, ebenfalls Zehn-Punkte-Dinge sein. Andernfalls sollten wir unseren Tagesablauf verändern, um ein paar Aktivitäten einzubauen, die uns gesund und schmerzfrei halten.

Diese Methode, mit der ich die Wichtigkeit von Dingen mit der Zeit vergleiche, die ich ihnen jeweils widme, hilft mir, etwas, das »dringend«, aber weniger »wichtig« ist, auf der Liste mit meinen Aktivitäten weiter nach unten zu setzen.

Ich habe gelernt, dass meine Freundschaften ebenso wie die Gesundheit zu den wichtigsten Dingen in meinem Leben gehören.
Und so wie bei der Gesundheit empfiehlt es sich auch hier, hin und wieder auf meinen Terminkalender zu schauen und dafür zu sorgen, dass ich meine Prioritäten richtig setze.

WENN WIR ZU HÄUFIG SIGNALISIEREN,
DASS UNS UNSERE FREUNDSCHAFTEN
WENIGER WICHTIG SIND
ALS UNSERE »DRINGENDEN AUFGABEN«,
BLEIBT IRGENDWANN
NUR NOCH EIN LEBEN
VOLLER »DRINGENDER AUFGABEN« ÜBRIG.

HERAUSFORDERUNGEN

AUS SCHWIERIGEN SITUATIONEN
KÖNNEN GUTE DINGE HERVORGEHEN.

Ich habe gelernt, dass aus schwierigen Situationen gute Dinge hervorgehen können.
Viele Menschen hielten die Vorstellung, von zu Hause aus zu arbeiten, für eine wunderbare Alternative. Vielleicht wären sie so in der Lage, ihre Kinder täglich zur Schule zu bringen und wieder abzuholen. Oder möglicherweise könnten sie sich um ein krankes Familienmitglied kümmern. Oder sie könnten ihre persönlichen Bedürfnisse, Vorstellungen und Wünsche im Leben besser mit den Bedürfnissen, Vorstellungen und Wünschen ihres Arbeitgebers vereinbaren.
Die Technologie dafür war bereits vorhanden, allerdings war der Präzedenzfall noch nicht da. Daher zögerten die meisten Arbeitgeber und Chefs, dieses Modell auszuprobieren. Mittlerweile sind viele Beispiele dafür auf der

ganzen Welt vorhanden. Es kam zu erheblichen Veränderungen, da eine schwierige Situation dies erforderlich machte und Millionen von Menschen zwang, im Homeoffice zu arbeiten. Mittlerweile probieren sie es aus und suchen nach Lösungen, damit es funktioniert und sie generell gut damit klarkommen.

Es ist ziemlich wahrscheinlich, dass dies zu exponentiell positiven und nachhaltigen Ergebnissen führt. Es könnte zu einer massiven Reduzierung der globalen Umweltverschmutzung kommen. Da die Fahrten zur Arbeit wegfallen, könnte jede Person pro Jahr Hunderte von Stunden an freier Zeit dazugewinnen. Millionen von Menschen hätten eine weitaus bessere Work-Life-Balance und infolgedessen weniger Stress und stressbedingte Krankheiten.

Im Bereich der höheren Bildung haben die weltweiten Herausforderungen ebenfalls zu neuen Möglichkeiten und Erkenntnissen bezüglich verschiedener Alternativen geführt. Aufgrund der Notwendigkeit wurde die Idee des Fernunterrichts auf neue Weise und in einem viel größeren Rahmen implementiert. Das Lernen im Klassenzimmer mag für manche Situationen zwar nach wie vor am besten geeignet sein, aber stellen Sie sich nur die Möglichkeiten vor, die mit einer zunehmenden technologischen Einbindung einhergehen. Medizinstudenten könnten Operationen im Krankenhaus live am Bildschirm verfolgen, während Chirurgen ihnen den gesamten Prozess erläutern. Studenten auf verschiedenen Kontinenten, die antike Philosophie studieren, hätten die Möglichkeit, sich untereinander über ihre Perspektiven auszutauschen sowie darüber, wie diese Sichtweisen durch ihre jeweils einzigartige Kultur geformt werden.

Eine Herausforderung, die uns als Gesellschaft abverlangt, Alternativen zur bisherigen Norm auszuprobieren, führt letztlich vielleicht dazu, dass Teile des Lernerlebnisses für Millionen von Menschen auf eine Weise und in einer Geschwindigkeit optimiert werden, die sonst wahrscheinlich auf Jahrzehnte unvorstellbar gewesen wären.

Dadurch könnten dann Lösungen für Probleme entwickelt werden, die die Menschheit seit Jahrhunderten belasten.

Ein Teil unserer menschlichen Entwicklung basiert auf unserer Fähigkeit, unser Denken und Handeln angesichts schwieriger Situationen zu verändern. Das Positive inmitten des offensichtlich Negativen zu erkennen. Uns anzupassen und weiterzuentwickeln.

Das ist nicht immer leicht oder bequem und manchmal ist es ein Prozess, der nicht ohne Leid abläuft. Aber wenn wir diesen Aspekt der Herausforderung verleugnen, entgeht uns das, was an Positivem vorhanden ist.

Ich habe gelernt, dass Widrigkeiten uns entweder niederschmettern oder uns zu neuen Höhen treiben.
Wir sind dabei keine passiven Zuschauer, die irgendwelche Auswirkungen einfach hinnehmen müssen. Unser Handeln, unsere Gedanken und Überzeugungen sowie die Geschichten, die wir uns erzählen, zum Beispiel darüber, was gerade passiert, welche Rolle wir in dem Geschehen spielen und ob wir die Probleme bewältigen können oder nicht, haben den maßgeblichsten Einfluss darauf, wie unsere Realität künftig aussehen wird.

UNSERE VERGANGENHEIT IST NICHT
DER ENTSCHEIDENDE FAKTOR DAFÜR,
WER WIR SEIN KÖNNEN.
UNSERE ZUKUNFT MUSS NICHT
SO AUSSEHEN WIE UNSERE GEGENWART.
DIE HÖHEN, DIE WIR ERREICHEN KÖNNEN,
WERDEN ALLEIN DURCH UNS SELBST BEGRENZT.

Ich habe gelernt, dass manchmal etwas Unvorhergesehenes passieren muss, um uns an all das zu erinnern, was wir haben: einkaufen in einem Supermarkt mit vollen Regalen, in denen wir finden, was wir suchen. Entspannt spazieren gehen auf einer Straße oder in einem Park. Einen Flug buchen und verreisen. Mit einer Kollegin in einem Restaurant zu Mittag essen. Einen Freund oder ein Familienmitglied umarmen.

Es ist sehr leicht, diese Dinge als selbstverständlich zu erachten. Davon auszugehen, dass sie uns garantiert zur Verfügung stehen.

Doch in Wahrheit sind und waren diese Dinge sowie Tausende andere stets wunderbare Geschenke. Geschenke, die in so vielen Bereichen unseres Lebens gegenwärtig sind.

Sie zu würdigen bietet uns eine unglaubliche Möglichkeit, Dankbarkeit, Freude und Mitgefühl zu empfinden. Es eröffnet uns die Chance, in unserem sonst so hektischen Leben innezuhalten und jedes kleine Geschenk wertzuschätzen, das uns zuteilwird. Nicht nur inmitten einer unvorhergesehenen Situation, sondern dauerhaft.
Jede dieser Pausen wird uns für immer auf eine positive Weise verändern. So wie Wasser und Nährstoffe das Wachstum einer Pflanze fördern, werden solche Momente des Innehaltens unsere Perspektive erweitern. Sie werden unsere Emotionen fördern und neu ausrichten. Unsere Gedanken und unser Handeln in unterstützende und positive Richtungen führen.
Sie werden uns die Kraft verleihen, schwierige Zeiten zu überstehen.

Ich habe gelernt, dass es nur für wenige Dinge im Leben eine Garantie gibt. Diese Erkenntnis ist mit einem gewissen Warnhinweis verbunden:

WARTEN SIE NICHT ZU LANGE DAMIT,
DAS LEBEN ZU LEBEN,
DAS SIE SICH WÜNSCHEN,
SONST HABEN SIE VIELLEICHT
KEINE GELEGENHEIT MEHR DAZU.

Diese Aussage kann etwas beängstigend sein, wenn wir sie auf uns wirken lassen. Gleichzeitig ist sie spannend und fördert unsere Selbstwirksamkeit.

Sie inspiriert Wunschträume, wie wir sie bei kleinen Kindern erleben. Eine unerschrockene Haltung und eine grenzenlose »Alles ist möglich«-Perspektive.

»Ich werde Feuerwehrmann«, sagt ein Kind. »Ich werde auf einem Kamel reiten und die Pyramiden besichtigen«, antwortet ein anderes. »Ich werde alle Koalabären auf der Welt retten«, fügt ein drittes Kind hinzu.

Diese Erkenntnis inspiriert die Art von kreativem Denken, die nach Mitteln und Wegen sucht, um das scheinbar Unmögliche möglich zu machen.

Sie erzeugt den Mut, um Schritte in Richtung des Lebens zu machen, das wir uns wünschen, selbst wenn unsere Schritte ins Unbekannte führen.

Ich habe gelernt, dass schwierige Situationen am leidvollsten sind, wenn wir am Ende, nachdem wir sie durchgemacht haben, wieder genau dort landen, wo wir bereits vorher waren. Widrigkeiten gehören zu den größten Lehrmeistern des Lebens, und wenn wir unsere Lektion nicht lernen, kehren die Schwierigkeiten häufig so lange zurück, bis wir es begriffen haben.
So ist etwa das Gefühl, etwas zu vermissen, eine großartige Erinnerung daran, wie wichtig das, was uns fehlt, für uns ist, worum auch immer es sich dabei handeln mag. Es inspiriert uns, nach Wegen zu suchen, um es künftig in unserem Leben präsenter werden zu lassen.
Wenn wir nicht in der Lage sind, bestimmten Aktivitäten nachzugehen, die uns Spaß machen, entsteht eine Langeweile, die uns dazu zwingt, neue Dinge auszuprobieren. Manche davon können uns eine größere Freude bereiten als die ursprüngliche Aktivität.

Wenn normale Prozesse unterbrochen werden oder nicht zur Verfügung stehen, inspiriert das unsere Kreativität, nach neuen Möglichkeiten und Lösungen zu suchen. Diese würden vollkommen unentdeckt bleiben, wenn die widrige Situation es nicht unmöglich gemacht hätte, die Dinge weiterhin so zu tun wie bisher.

Wenn wir sie so betrachten, werden schwierige Situationen zum Ursprung von Innovationen. Und diese eröffnen neue Wege für unser Leben.

Ich habe gelernt, dass das Leben aus einem ständigen Auf und Ab besteht. Gesundheit, Beruf, Erfolg, Glück … nichts davon ist dauerhaft in einer Hochphase. Selbst wenn der Trend tatsächlich weiter nach oben geht, gibt es dennoch immer wieder Hoch- und Tiefphasen. Es ist wichtig, das zu erkennen. Es hilft uns, unsere Ressourcen so zu nutzen, dass katastrophale Einbrüche vermieden werden.

Denken wir nur an Finanzquellen. Häufig lesen wir tragische Geschichten über Sportler, Musiker oder erfolgreiche Geschäftsleute, die weitaus mehr Vermögen anhäufen, als Durchschnittsmenschen je in fünf Leben ausgeben könnten. Da alles so toll läuft, glauben viele dieser Leute, es werde immer so weitergehen. Daher legen sie nichts von ihren finanziellen Mitteln auf die Seite.

Dann geht es plötzlich bergab. Vielleicht zieht sich eine Sportlerin eine Verletzung zu oder das neue Album eines Musikers wird ein Flop oder die Boni einer Managerin werden gestrichen, das Gehalt gekürzt, weil die Wirtschaft nicht mehr gut läuft. Plötzlich kommt nicht mehr genügend Geld rein, und diese Leute haben keine Rücklagen, auf die sie zugreifen können. Keine Ersparnisse. Keine Reserve für schlechte Zeiten. Dann ist eine ohnehin schon schwierige Situation um ein Vielfaches belastender.

Das wirkt sich negativ aus auf die Entscheidungen, die Gesundheit und die Beziehungen der Betroffenen. Und all das beschleunigt den Abwärtstrend zusätzlich.

Das Gleiche kann auch mit unserer Zeit und Energie passieren. Nur allzu leicht verfallen wir in eine Routine, bei der wir unseren Körper immer intensiver und länger belasten, weil wir der Meinung sind, alles sei extrem wichtig. Woche für Woche bekommen wir immer weniger Schlaf, bis wir schließlich künstliche Aufputschmittel einsetzen, um wach zu bleiben. Diese neutralisieren wir dann wieder mit künstlichen Entspannungsmitteln, damit wir einschlafen können. Dadurch verschlechtern wir die Qualität des wenigen Schlafs, den wir überhaupt noch bekommen. Und wie bei den finanziellen Ressourcen müssen wir möglicherweise einen hohen Preis dafür bezahlen, wenn wir uns weder Zeit noch Energie für ausreichend Entspannung, Spaß und Schlaf reservieren. Irgendwann wird eine schwierige Situation eintreten, die uns tatsächlich mehr abverlangt. Doch wenn wir keine Zeit oder Energie als Reserve zur Verfügung haben und uns bereits am Limit befinden, wird unser Körper das nicht aushalten. Gesundheitliche Probleme tauchen auf, die uns dazu *zwingen*, unser Tempo zu drosseln. Es folgen Zeiten, die wir im Krankenhaus und im Bett verbringen, ohne die Energie zu haben, auch nur die wesentlichsten alltäglichen Aufgaben zu erledigen.

Es gibt eine Lösung für all das:

WIR SOLLTEN AUF EINE GUTE BALANCE ACHTEN
UND UNSERE RESSOURCEN SO EINSETZEN,
DASS WIR UNSERE ZIELE
VERWIRKLICHEN KÖNNEN
UND DAS LEBEN FÜHREN,
DAS WIR UNS WÜNSCHEN.
GLEICHZEITIG SOLLTEN WIR DARAUF ACHTEN,
EINE RESERVE ZU HABEN,
DAMIT WIR IN SCHWIERIGEN ZEITEN
IN DER LAGE SIND,
MIT DEN WIDRIGKEITEN FERTIGZUWERDEN.

EINE ETWAS ZUFÄLLIGE AUSWAHL

MANCHMAL KÖNNEN

KLEINE VERÄNDERUNGEN

IM DENKEN

UNSER LEBEN

DRAMATISCH VERÄNDERN.

Ich habe gelernt, dass kleine Veränderungen im Denken unser Leben manchmal dramatisch verändern können.

Grundsätzlich werden stets die jungen, ungebundenen Leute als Soldaten in den Krieg geschickt. Denjenigen, die am wenigsten Lebenserfahrung und am wenigsten zu verlieren haben, wird befohlen zu schießen.

Ich frage mich, was passieren würde, wenn eine neue globale Kriegsregel besagen würde, dass man nur noch Eltern entsenden kann. Es mag zwar verrückt klingen, doch wir Menschen haben bereits seit über zweitausend Jahren »Kriegsregeln«. Wie wäre es daher, wenn wir eine neue hinzufügen würden? Bevor die Soldatinnen und Soldaten auf beiden Seiten mit dem Schießen beginnen können, müssen sie aufeinander zugehen, sich die Hand geben und zwanzig Minuten Zeit miteinander verbringen. Zwanzig Minuten, in denen sie sich gegenseitig Bilder und Videos ihrer Kinder zeigen und von ihnen erzählen.

Wie war es an dem Tag, als ihr Sohn oder ihre Tochter geboren wurde? Welche albernen Dinge machen sie gerne mit ihren Kindern? Was sind die Lieblingsaktivitäten ihrer Kinder? Was gefällt den Eltern am besten daran, eine Mutter oder ein Vater zu sein?
Professionelle Übersetzer sind anwesend, um bei der Verständigung zu helfen. Snacks und Getränke werden serviert. Dann kehren die Soldatinnen und Soldaten jeweils zu ihrer eigenen Armee zurück und berichten ihren Kameraden und Kameradinnen, was sie erfahren haben. Danach ertönt eine sehr laute Fanfare, und jeder kann entweder anfangen zu schießen oder dafür abstimmen, nach einer besseren Alternative zu suchen.
Ich frage mich, wie viele Schüsse abgefeuert würden.

Ich habe gelernt, dass vieles im Leben willkürlich festgelegt wird. Warum liegt das Rentenalter zum Beispiel bei etwa 65 Jahren? Wer hat das entschieden? Und warum? Und wann? Ist die Logik dahinter immer noch gültig? Passt sie zu unserem aktuellen Lebensplan?

Was wäre, wenn wir beschlössen, unser Leben so zu gestalten, dass wir uns mit 45 Jahren aus dem Berufsleben zurückziehen könnten? Allein aufgrund dieser Wahl würden wir vollkommen andere Fragen stellen, nach anderen Optionen suchen und andere Entscheidungen treffen.

Ich habe gelernt, dass es eine gute Idee ist, die meisten solcher generell akzeptierter Punkte zu hinterfragen. Das bedeutet nicht, dass diese Dinge falsch sein müssen. Sollte es allerdings der Fall sein oder sollte etwas schlicht nicht zu dem Leben passen, das wir führen wollen, haben wir – wenn wir etwas hinterfragen – die Chance, nach besseren Alternativen zu suchen.

Warum arbeiten wir fünf Tage die Woche und haben nur zwei Tage Wochenende? Wer hat das entschieden? Wann wurde es entschieden? Und warum? Warum ist es nicht umgekehrt? Warum sind es nicht wenigstens vier Arbeitstage und drei Tage Wochenende?

Ich habe Folgendes gelernt: Sobald wir beginnen, ein paar dieser Dinge infrage zu stellen, merken wir, wie verbreitet sie im Leben sind. Und wie viel von unserem Verhalten dadurch motiviert ist. Es sind Dinge, die wir einfach akzeptieren, weil »sie eben so sind«, weil sie »richtig« oder »normal« sind. Aber im Grunde genommen können wir nicht einmal begründen, warum sie so sind, wie sie sind. Oder warum sie richtig oder normal sind.

Ich habe gelernt, dass sich eine Flut von Möglichkeiten im Leben eröffnet, wenn wir solche Dinge hinterfragen. Wenn wir andere Fragen stellen, entdecken wir Vorbilder, die uns andere Lösungen vorleben. Wir stoßen auf Optionen, die dem Leben, das wir führen möchten, mehr entsprechen.

WENN WIR ALTERNATIVEN
FÜR STRUKTUREN FINDEN,
DIE AUS KEINEM ERSICHTLICHEN GRUND
EXISTIEREN,
BESEITIGEN WIR VIELE BARRIEREN
SOWOHL BEI UNSEREN
ENTSCHEIDUNGSFINDUNGSPROZESSEN
ALS AUCH IN BEZUG AUF
DIE ART UND WEISE, WIE WIR LEBEN.
UND ALL DAS BEGINNT - WENN WIR
WILLKÜRLICHE ENTSCHEIDUNGEN
HINTERFRAGEN.

Ich habe Folgendes gelernt: Wenn wir uns dessen nicht bewusst sind, können wir in eine Generationencode-Falle tappen.

Menschen faszinieren mich. Die menschliche Erfahrung generell fasziniert mich. Diese Neugier hat dazu geführt, dass ich Verhaltensweisen von Freunden, Familie und natürlich von mir selbst interessiert beobachte und darüber nachdenke, was uns jeweils antreibt. Denn manchmal legen wir Menschen ein Verhalten an den Tag, das im Vergleich zu unseren normalen Verhaltensweisen ziemlich aus dem Raster fällt.

Je mehr ich mich damit befasse, desto stärker fällt mir ein bestimmtes Muster auf. Häufig wiederholen wir ein Verhalten, das zu unserer Generationengeschichte gehört. Es ist, als würden wir Daten in Form von bestimmten Programmen übernehmen. Das gilt vor allem für gewisse Verhaltensregeln. Und wenn wir nicht aufpassen, werden diese Programme aktiviert und laufen zu verschiedenen Zeiten und angesichts verschiedener Lebensumstände ab. Ähnlich einem Computerprogramm, das von jemandem gestartet wird.

Vor Kurzem fiel mir dazu das Beispiel eines Vaters von drei Kindern auf. Als seine älteren beiden Kinder sehr klein waren, unternahm er ziemlich viel mit ihnen. Er ging mit ihnen in den Park, spielte mit ihnen, die gesamte Familie aß gemeinsam zu Abend … Doch als sein ältester Sohn acht war, distanzierte sich der Vater beinahe über Nacht sehr von den Kindern. Das ging so weit, dass er aktiv nach beruflichen Aufstiegsmöglichkeiten suchte, bei denen er lange Phasen im Ausland verbringen würde. Schon bald war er jeweils drei oder vier Wochen lang fort und kam dazwischen nur für ein paar Tage zurück. Wenn er zu Hause war, wirkte es so, als sei er gar nicht richtig da, weil er sich ständig mit anderen Dingen befasste.

Seine Familie war wirklich verzweifelt. Vor allem sein ältester Sohn. Ich erinnere mich an eine E-Mail von ihm, die ich zu lesen bekam. Darin schrieb der kleine Junge, wie sehr er seinen Papa vermisste und dass er nicht verstand, warum er ihn kaum noch sah. Sein Vater, der eigentlich ein sehr warmherziger Mensch ist und auch stets liebevoll mit seinen Kindern umgegangen war, schickte darauf eine Antwort, in der keinerlei Anteilnahme zu spüren war. Im Wesentlichen schrieb er seinem Sohn, dass er stark sein müsse. Er sei nun der Mann im Haus, wenn Papa nicht da war.

Als ich im Laufe der Zeit mehr über die Familiengeschichte des Vaters erfuhr, wurde mir etwas sehr Erstaunliches bewusst. Er war der älteste Sohn in seiner Familie. Als er acht Jahre alt war, verstarb sein Vater bei einem Unfall. An diesem Tag veränderte sich das Leben des Jungen, seiner Geschwister und seiner Mutter innerhalb eines Augenblicks. Sie wurden zu Hinterbliebenen, als der Vater von ihnen ging. Bei der Beerdigung sagten viele Verwandte zu dem achtjährigen Jungen, er sei nun der Mann in der Familie.

Bei diesem Beispiel hat es den Anschein, als sei dem Mann der folgende Computercode eingepflanzt worden: »Wenn der Sohn acht Jahre alt ist, geht der Vater fort.« Dieser Code hatte jahrzehntelang geruht, während der Mann von einem Jungen zu einem Jugendlichen heranwuchs und schließlich erwachsen wurde. Er hatte weiterhin geschlummert, bis sein eigener Sohn acht Jahre alt geworden war. Zu diesem Zeitpunkt wurde der Code aktiviert: »Wenn der Sohn acht Jahre alt ist, geht der Vater fort.«

In diesem Fall wurde das Fortgehen des Mannes nicht durch den Tod verursacht. Stattdessen entfernte er sich aufgrund seines eigenen Handelns fast vollkommen von seiner Familie.

Dieses Beispiel zeigt nur eine von vielen Tausend Verhaltensweisen, die auf einen Generationen-Code zurückzuführen sind. Offenbar werden sie häufig aktiviert, wenn Menschen Kinder haben. Andere Verhaltensmuster werden getriggert, wenn jemand ein bestimmtes Alter erreicht. Und wieder andere werden aufgrund besonderer Ereignisse im Leben ausgelöst.

Wenn wir uns dessen nicht bewusst sind, kann ein solcher Code unser Leben kontrollieren. Er kann Verhaltensweisen, Gedanken und Emotionen hervorrufen, die nicht die jeweilige aktuelle Situation widerspiegeln und in unserem Leben ein großes Zerstörungspotenzial entfalten können.

Allerdings ist dies nur die eine Seite der Medaille. Bei dem Beispiel des Vaters, der seine Familie verließ, hatte der Code eine destruktive Kraft. Wahrscheinlich können Codes aber auch produktiv sein.

Offenbar gehört es zur menschlichen Erfahrung zu lernen, solche Codes zu erkennen und sie zu nutzen, wenn sie positive Verhaltensweisen auslösen, und sie mit einem neuen Code zu überschreiben, wenn das nicht der Fall ist.

Dabei ist es überhaupt kein komplexer Prozess, einen neuen Code zu schreiben. Wenn wir uns unbewusst verhalten und unser Handeln reflexartig, unüberlegt und destruktiv ist, können wir innehalten und bewusst neu bewerten, was wir tun. Sobald wir einen Schritt zurück machen und uns selbst fragen, warum wir denken, was wir denken, warum wir uns so verhalten, wie wir uns verhalten, und was wir stattdessen besser machen könnten – öffnen wir die Tür für bessere Codes, bessere Ergebnisse und ein besseres Leben.

Ich habe gelernt, dass kein Arzt alles weiß.

Früher dachte ich, wenn man ein gesundheitliches Problem hat, geht man zum Arzt. Wenn man etwas tun kann, hilft er einem. Und wenn der Arzt nichts tun kann, lässt sich das Problem eben nicht beheben.

Mittlerweile ist es mir fast ein bisschen peinlich zuzugeben, dass dies mein Blick auf die Medizin war. Wahrscheinlich spiegelt diese Sichtweise wider, was ich als Kind wahrgenommen habe. Wenn man krank war, ging man zum Arzt. Er war der Experte, der einen wieder gesund machen konnte.

Im Laufe der Jahre ist mir bewusst geworden, dass Ärzte auch nur Menschen sind. Egal wie gut ihre Absichten auch sein mögen und wie sehr sie sich bemühen, sie können nur wissen, was *sie* wissen.

Manchmal wissen sie genau, was nötig ist, um ein gesundheitliches Problem zu beheben. Wenn sie es allerdings nicht wissen, bedeutet das nicht, dass es keine Lösung für das Problem gibt. Es bedeutet lediglich, dass ihre Erfahrung und ihr Wissen nicht zu einer Lösung führen.

Innerhalb der Medizin gibt es Hunderte von Spezialgebieten. Innerhalb dieser Spezialgebiete gibt es möglicherweise Tausende verschiedene Krankheitsformen. Daher ist es absolut unrealistisch zu glauben, irgendein Arzt würde alles wissen.

Selbst zwei Ärzte, die Spezialisten auf demselben Gebiet sind, können angesichts der Situation eines Patienten zu sehr unterschiedlichen Ergebnissen kommen. Denn obwohl sie auf dasselbe Gebiet spezialisiert sind, haben sie unterschiedliche Lebenserfahrungen, eine unterschiedliche Ausbildung sowie persönliche Filter, die alle eine Rolle spielen. Darüber hinaus verarbeitet und analysiert ihr Gehirn Dinge wahrscheinlich unterschiedlich. Die Studien, die sie gelesen haben, sowie ihre eigenen Überzeugungen führen zu Unterschieden in ihrem jeweiligen Wissen.

Für mich ist all das unglaublich frustrierend und gleichzeitig unglaublich inspirierend. Es wäre fantastisch, wenn man zu einer einzigen Ärztin, einem einzigen Arzt gehen könnte und eine »offizielle Einschätzung« bekäme. Dann wäre der frustrierende Aspekt nicht mehr vorhanden. Andererseits ist Folgendes sehr inspirierend: Egal mit wie vielen Menschen, die keine Lösung wissen, wir auch sprechen mögen, es besteht eine sehr gute Chance, dass es irgendwo jemanden gibt, der eine Lösung parat hat.

Wir müssen diesen Menschen lediglich finden.

Ich habe Folgendes gelernt: Wie viel wir auch über das Leben wissen mögen, es gibt so viel mehr, wovon wir keine Ahnung haben.

Denken wir zum Beispiel ans Schlafen. Wir verbringen ein Drittel unseres Lebens damit, aber eigentlich wissen wir nicht genau, was beim Schlafen passiert. In einem Moment sind wir noch wach und im nächsten sind wir es bereits nicht mehr. Wir sind woanders. An einem Ort, der manchmal so plastisch wirkt, dass wir beim Wachwerden schwören könnten, er wäre tatsächlich real gewesen – wo immer wir im Traum auch gewesen sein mögen.

Zu anderen Zeiten führt unser Schlafzustand uns an so einzigartige und skurrile Orte, dass es unvorstellbar scheint, dass unser Geist sich all das ausgedacht hat.

Wir können nicht sehr lange überleben, ohne uns ins Reich des Schlafs zu begeben, worum auch immer es sich dabei genau handeln mag. Wir funktionieren nicht einmal gut, wenn wir uns innerhalb von 24 Stunden nicht dorthin begeben.

Trotz der Tatsache, dass wir jede Nacht dort sind und es essenziell für unser Überleben ist, wissen wir nicht genau, was Schlaf ist, was dabei geschieht oder warum er so wichtig für uns ist.
Er macht ein Drittel unseres Lebens aus, und dennoch haben wir keine Ahnung.
Irgendwie ist das beruhigend, gleichzeitig macht es mich demütig und es regt zum Nachdenken an. Es vermittelt mir das Gefühl, dass es definitiv etwas Größeres gibt als das, was wir in unserem Alltag wahrnehmen. Es inspiriert mich dazu, über die kleinen banalen Dinge hinwegzusehen, die zwar ärgerlich sein können, aber definitiv nicht so wichtig sind. Es erfüllt mich mit einem Gefühl der Ehrfurcht angesichts der Frage, worin der Sinn der menschlichen Erfahrung tatsächlich bestehen mag.

NOCH EIN GEDANKE ÜBER DIE LIEBE

WEIL ES STIMMIG IST,
DAS BUCH AUF DIESE WEISE ZU BEENDEN

Ich habe gelernt, dass das Leben nur ein Bruchteil dessen ist, was es potenziell sein kann, wenn wir kein Ventil dafür haben, Liebe zu schenken, und wenn es keine Quelle gibt, von der wir Liebe empfangen. Egal ob wir sie einem Menschen, einem Haustier, einem Baum entgegenbringen oder von diesen Liebe empfangen –

DAS LEBEN IST SCHÖNER

MIT LIEBE.

ÜBER DEN AUTOR

Nach einem lebensverändernden Erlebnis im Alter von 33 Jahren war John inspiriert, die Geschichte des Cafés am Rande der Welt niederzuschreiben.

Innerhalb eines Jahres nach der Veröffentlichung hatte das Buch sich durch die Mundpropaganda der Leser auf dem gesamten Globus verbreitet und begeisterte Menschen auf jedem Kontinent, einschließlich Antarktika. In verschiedenen Ländern erreichte es den ersten Platz auf den Bestsellerlisten. Überdies wurde es in 41 Sprachen übersetzt.

Johns Bücher verkauften sich weltweit mehrere Millionen Mal. Zu seinen Veröffentlichungen gehören: *Das Café am Rande der Welt*; *Wiedersehen im Café am Rande der Welt*; *Auszeit im Café am Rande der Welt*; *Safari des Lebens*; *The Big Five for Life*; *Das Leben gestalten mit den Big Five for Life*; *Wenn du Orangen willst, such nicht im Blau-*

beerfeld; Was nützt der schönste Ausblick, wenn du nicht aus dem Fenster schaust; Folge dem Rat deines Herzens und du wirst bei dir selbst ankommen; Mein Jahr im Café am Rande der Welt (*Kalender 2021*).

All dies verblüfft ihn nach wie vor, und er ist zutiefst dankbar dafür.

Wenn er nicht gerade schreibt, bereist er mit seiner Familie häufig die Welt.

Wenn Sie John kontaktieren oder mehr über den Autor erfahren möchten, können Sie die folgende Internetseite besuchen:
www.johnstrelecky.com

Folgen Sie John Strelecky auf:
@JohnStrelecky